KB043932

안동

D

대한민국 도슨트

한국의 땅과 사람에 관한 이야기

11

안동

권오단 지음

21세기북스

한국 정신문화의 수도 안동

차례

안동 지도

영주시
북후면
학가산
천등산
15 봉정사
17 경당종택
광흥사
학봉종택
간재종택
예천군
풍산읍
서후면
오미마을
19
18 체화정
소산마을
가일마을
풍천면
하회마을
20
화산
병산서원
남후면
고산서원
일직면
권정생 토담집
의성군

봉화군
녹전면
도산면
청량산
고산정 14
농암종택
온혜종택 12
이육사문학관
13
퇴계종택
도산서원 11
영양군
한국국학진흥원
예끼마을 10
낙수
예안면
와룡면
8
군자마을
제비원 미륵불
▲영남산
낙강물길공원
안동댐
7
임동면
안동민속촌
안동문화관광단지
정재종택
수애당
1
2
6
4
3
7층전탑
임하댐 24
내앞마을
23
경상북도
독립운동기념관
22
원이엄마 테마공원
역동서원
영호루
반변천
9 안동포전시관
지례예술촌
남선면
산유원지
임하면
묵계서원
25
만휴정
길안면
청송군
1 태사묘
2 웅부공원
3 구 안동역
4 안동문화의 거리
5 안동교회
6 임청각

시작하며

안동은 내가 태어나고 자란 고장이다. 조상님과 부모님이 살았고 묻힌 곳이며 앞으로도 내가 살아갈 곳이며 죽어 묻힐 곳이 또한 안동이다. 그만큼 안동에 대한 나의 애착은 진하고 깊다.

사실 한 지역의 역사와 이야기를 서술하기가 쉬운 일은 아니다. 처음 원고 청탁이 왔을 때 승낙하지 않고 거절한 것은 그런 이유이기도 하다. 작은 촌락이라면 몰라도 역사가 깊은 고장은 그만큼 더 어렵다. 안동은 안동시(10동)와 1읍(풍산읍), 13면(길안면, 남선면, 남후면, 녹전면, 도산면, 북후면, 서후면, 예안면, 와룡면, 일직면, 임동면, 임하면, 풍천면)으로 이루어진 곳이다. 지역이 워낙 넓고 방대한 데다 지역에 뿌리 깊은 문중과 사람들의 이해가 얽히고설켜 있다. 무엇보다 조사하고 쓰는 데 오랜 시간이 걸릴 것 같았다. 출판사의 거듭된 제안에 몇 번의 고심 끝에 승낙하게 되었는데 안동에서 살아왔고, 앞으로도 안동에서 살아가야 할 사람으로서, 내 고향 안동에 대해 무언가를 할 수 있다는 마음 때문이었다. 그것은 글쓰기를 업으로 살아온 작가의 의무라기보다는 마치 빚을 진 빚쟁이의 마음 같은 것이었다.

막상 일을 시작하고 발품을 팔면서 안동 구석구석을 뒤지다 보니 내가 모르던 문화유산들과 이야기들이 너무 많았다. 하지만 지면은 한정되어 있고, 다뤄야 할 내용은 많아서 쓸데없는 내용은 없애고 최대한 많은 곳을 소개하는 선에서 짧게나마 정리해 기록하기로 했다.

안동은 오래된 역사만큼 수많은 문화 자원이 있고 거기에는 수많은 이야기가 깃들어 있다. 그 이야기들을 하나하나 끄집어내면 끝도 없겠지만 그중에서 중요한 부분들을 발췌하고 간추려서 되도록 쉽고도 재미있게 안동을 알아갈 수 있도록 신경을 썼다.

이 책은 안동을 소개하는 역사문화 해설서이자 여행서로서 처음 보는 이들도 쉽게 이해할 수 있도록 객관적인 자료 설명과 해설에 주안점을 맞췄다. 애석하게도 코로나19로 인해 문이 닫힌 곳이 많았는데 끝내 방문할 수 없었던 곳은 자료를 찾아 설명 위주로 기술했다. 무엇보다 사진을 찍는 기술이 부족해서 전문 작가의 도움을 받았다. 안동에서 오랫동안 사진 작가로 활동해 온 윤태하 작가께서 흔쾌히 도와주셨다. 윤 작가님은 대한민국 정수사진대전 특전 외 다수를 수상하고, 현재 안동대학교, 경북도립대학교에서 강의하고 있다. 무더위에 발품을 팔아가며 좋은 사진을 찍어 주신 노고에 깊이 감사드린다. 또한 흔쾌히 인터뷰에 응하고 사진 자료를 보내주신 많은 분께도 감사드린다.

마지막으로 내가 사랑하는 안동을 소개할 수 있도록 도움을 주신 21세기북스 사장님께 감사의 말을 전한다. 아무쪼록 독자 여러분이 이 책을 읽고 안동을 제대로 알게 되는 계기가 되었으면 좋겠다.

안동에서
권오단

한국 정신문화의 수도

이중환의 『택리지(擇里志)』에 따르면 안동이 형성된 연원은 이러하다. 백두대간의 지맥이 청량산에서 서쪽으로 뻗어 학가산이 되고 남쪽으로 구불구불 뻗어 내려오다가 낙동강을 만나 멈춰 서서 영남산이 되었다.

태백산 황지에서 발원한 물이 청량산을 돌아 남으로 흘러 내려오는데 안동에서는 이를 '낙수(洛水)'라고 불렀다. 또 영양 북쪽의 일월산에서 발원한 물이 청송과 임하를 거쳐 안동에서 합쳐지는데 이를 '반변천(半邊川)'이라고 한다. 북에서 남으로 흐르던 낙수가 반변천과 합류하는 지점에 비옥한 토지가 형성되었는데 예로부터 이곳에 사람들이 모여들게 되었다. 바로 낙동강 유역의 안동이다.

안동은 도의 웅번이다

안동의 옛 이름은 고창이다. 『영가지(永嘉志)』와 『신증동국여지승람(新增東國輿地勝覽)』의 기록에 신라 박혁거세 원년(기원전 57)에 염상도사(念尙道士)가 창녕국(昌寧國)을 세웠다고 하며 삼국시대에는 신라의 고타야군(古陀耶郡)이었다가 경덕왕 때 한자식 지명인 고창군(古昌郡)으로 고쳤다고 한다.

『동국여지승람』에 "안동은 도(道)의 웅번(雄藩)이다"라는 기록이 있는데 웅번이란 '큰 요새'라는 말이다. 과거 안동의 읍성(邑城)에 관한 자료를 보자면 돌로 쌓은 돌성이며 둘레가 2,947척(尺), 높이가 8척, 안에 샘물 18군데와 도랑[渠] 한 군데가 있다고 했다.

고려 말 백문보(白文寶, 1303~1374)가 지은 『금방기(金榜記)』에는 과거 안동의 모습이 묘사되어 있다.

"무협(巫峽)이 왼쪽에 펼쳐져 있고, 성산(城山)이 오른쪽에 버티고 있으며, 큰 강은 띠처럼 둘러 있고, 물은 돌아서 호수를 만든다."

도시 왼편에 골짜기가 있으며 오른편에 있는 성산은 영남산이고, 큰 강은 낙동강이며, 호수는 영호(映湖)를 말한다. 영호는 당시 안동부의 남쪽에 고인 호수의 이름이다. 그 호수 앞에 영호루라는 누각이 있었다.

과거 안동은 전형적인 요새의 형태를 지니고 있는데 신라시대 왜구들이 안동까지 침입했다는 기록을 보아 적을 막는 요새로서의 도시 기능을 한 것 같다. 현재 안동시에는 북문과 남문, 동문과 서문터에 작은 비석을 세워 그 경계를 표시하고 있다.

사적과 비석의 경계로 미루어보면 당초 안동은 작은 돌성에 불과했다. 하지만 시간이 흘러 인구가 늘어나면서 행정구역이 점점 확장되어 현재의 안동이 된 것이다. 과거 돌성의 안쪽 중심부에는 수령이 거처하는 관아가 있었는데 현재 관아는 안동댐공원으로 옮겨지고 그 자리에 웅부공원이 들어섰다.

후백제의 견훤과 고려 왕건이 천하를 다투던 후삼국 시기, 융성했던 신라는 꺼져 가는 촛불 같은 신세였다. 신라말 경애왕 때 부패와 민란으로 국운이 기울자, 후백제의 견훤이 신라를 침입해 포석정에서 경애왕을 살해했다. 이에 왕건이 대군을 이끌고 견훤을 공격했지만 연전연패를 거듭하며 북쪽으로 물러나게 되었다.

신라 경애왕의 죽음으로 분노하던 북부지역의 호족들은 왕건을 지지했고 왕건과 견훤의 전쟁도 반전의 국면을 맞게 된다. 고창현의 성주 김선평을 중심으로 한 지방호족들의 도움으로 왕건은 견훤과의 싸움에서 승리하게 되었으며 이후 경북 북부지역을 피 한 방울 묻히지 않고 수중에 넣게 되었다. 이 사건으로 왕건은 삼국을 통일하는 기반을 마련하게 되었다.

신라 경순왕 4년(930), 고창군 병산에서 벌어진 태조 왕건과 후백제 견훤 간의 싸움에서 권행(權幸), 김선평(金宣平), 장정필(張貞弼)이 왕건을 도와 크게 공을 세움으로써 안동(安東)이라는 지명을 얻게 되었다. 그때 공을 세운 세 사람은 삼태사(三太師)라고 불리며 안동의 정신적인 지주 역할을 해 오고 있다.

고려 왕조가 공고하게 되면서 이 지역은 안동(安東), 영가(永嘉), 복주(福州)로 달리 불렸다. 그러던 중 공민왕 10년(1361) 홍건적의 난리에 공민왕이 이 지역에 피난 왔다가 돌아간 후, 안동대도호부(安東大都護府)로 승격되면서 안동의 명칭이 고착되었다.

신라 고창군의 전탑들

신라의 국교는 불교였다. 경주 북쪽에 있던 작은 고을 고창군은 통일신라시대에 많은 사찰들이 있었던 불교의 고장이었다. 전탑은 흙으로 구운 벽돌을 촘촘히 쌓아 올린 탑을 말하는데 통일신라시대에 만들어진 전탑을 유독 안동에서 많이 볼 수 있다.

안동의 동쪽, 지금의 탑동종택이 있는 곳에는 법흥사지 7층전탑이 있다. 법흥사지 7층전탑은 높이 17m, 기단 너비 7.75m로 1962년에 국보 제16호로 지정됐다. 통일신라시대에 조성되어 우리나라에서 가장 오래되고, 가장 큰 전탑으로 꼽힌다. 이곳에 법흥사라는 큰 절이 있었다고 하는데 영남산을 등지고 낙동강을 바라보고 있어 주변 풍광이 아주 뛰어났다고 한다.

안동의 남쪽, 구 안동역 근처 주차장 뒤편에 숨어 있는 운흥동 5층전탑(보물 제56호)은 안동 사람들도 잘 모르는 전탑이다. 이곳에 과거 '법림사(法林寺)'라는 큰 절이 있었는데 지금은 전탑과 당간지주만이 남아 예전의 영화를 짐작할 수 있게 해 준다. 이 밖에도 권정생 선생이 살았던 곳으로 유명한 일직면 조탑동에도 5층전탑이 있다. 이곳에 있던 절의 이름은 전해 오지 않지만 거대한 전탑의 크기를 보면 사찰의 규모가 상당했을 것 같다.

시기로는 법흥사지 전탑을 시작으로 운흥동 5층전탑, 조탑동 5층전탑이 조성된 것으로 보이는데 전탑의 규모로 미루

탑동종택과 법흥사지 7층전탑 탑 왼쪽으로는 고성이씨 탑동파 종택이 있다. 오른쪽으로는 일제강점기에 깔린 철로를 걷어낸 길이 보이고 그 옆으로 난 도로를 따라가면 안동보조댐이 있다.

어 통일신라시대에 고창군은 불교의 도시였음을 짐작할 수 있게 한다.

안동 서후면 천등산에 있는 봉정사는 672년, 문무왕 12년에 의상대사가 창건했다고 전해지는데 의상대사의 제자인 능인이 창건했다는 설도 있다. 1972년 봉정사 극락전을 해체하고 복원하는 과정에서 고려 공민왕 12년에 극락전을 중수했다는 기록이 발견되면서 영주 부석사 무량수전과 함께 현존하는 최고의 목조건물로 인정받게 되었다. 의상대사는 화엄종의 개조로 봉정사의 존재는 고창군이 불교의 고장으로서 연속성을 이어가고 있었다는 것을 의미한다.

유학의 본향

시대가 흐르면 변화가 찾아오는 법이다. 통일신라 이후 고려의 국교 역시 불교였기 때문에 종교적으로 안동의 변화는 크지 않았던 것으로 보인다. 하지만 조선이 건국되면서 안동의 변화가 급격하게 이루어지게 된다.

불교는 산으로 깊이 들어가고, 안동은 유학(儒學)이 성행하는 중심이 된 것이다. 그 원인에는 성리학의 태두 퇴계 이황의 업적이 크다. 당 · 송 때의 철학을 집대성해 10폭의 성학십도로 간략하게 간추린 이황의 제자들이 안동 일대에 뿌리를 내리면서 안동은 유학의 고장이 되었다.

이황의 학문은 도산서당에서 시작되는데 서애 류성룡과 학봉 김성일 등 기라성 같은 유현들이 배출되어 영남 사림의 기틀이 되기도 했다.

서원이란 이른바 조선시대 최고의 사립 교육기관으로 지식을 배우는 것 이외에 인격을 연마하는 장소였다. 안동은 이후 서원을 최다 보유한 교육의 도시가 된다. 유학을 신봉하는 무리를 보통 유림(儒林)이라고 하는데, 이들은 책상물림만 하는 사람들이 아니었다. 진정한 선비는 나라가 위기에 처했을 때 분연히 일어난다.

독립운동의 성지

구한말 일본의 침탈이 시작되자 유림들은 의병을 조직해 일제에 항거하게 되는데 일제에 나라를 빼앗기자 안동 유림의 영수였던 향산 이만도는 스스로 자결(자정순국)했다. 자정순국으로 저항하며 의기를 드높였던 유림이 있었는가 하면, 이때 임청각의 주인이던 석주 이상룡과 내앞에 살던 백하 김대락은 가족들을 이끌고 만주로 넘어갔다. 그들은 신흥무관학교 등을 설립해 일제에게 빼앗긴 산하를 회복하기 위해 독립투쟁을 했다. 독립운동을 위해 가문이 이주하기도 마을 전체가 따라

나서기도 할 정도로 경북 북부의 독립운동은 완강했다.

만주에서 이상룡이 중심이 된 독립운동이 시작되면서 안동에서는 종갓집을 중심으로 조직적인 독립운동을 은밀하게 했다. 진성이씨 향산고택의 종손인 이동흠, 이종흠 형제는 독립군 군자금을 모으다가 고초를 겪었고, 학봉종택의 종손인 김용환은 파락호 소리를 들어가면서 수천억의 군자금을 만주에 보낼 정도였다.

일제는 독립투사의 뿌리를 끊어버리려고 임청각을 가로지르는 철도를 놓았는데 이상룡의 아들 이준형은 부당함에 항거하며 스스로 목숨을 끊어 의기를 보여주었다.

일제강점기

을사늑약으로 조선의 주권을 빼앗은 일제는 본격적으로 조선의 자원을 수탈하고 병참기지화하기 위해 전국에 철도를 부설한다. 부산에서 서울까지 가는 경부선 철도 노선 중에는 안동이 있었고 1930년 안동역이 개통되면서 이 지역은 급속도로 발전하기 시작한다. 물류가 쌓이는 곳에 인부가 필요했고, 각지에서 인부가 유입되면서 역 주변에 인부들의 숙소나 식당 등이 생겨나면서 안동역 주변은 점점 커졌다.

철도 개통으로 영남산 아래쪽에 있던 안동의 도심은 낙동강 변까지 확장되었고 사람들의 이동 반경도 철도를 따라 커지기 시작했다. 안동은 행정적으로 군사적으로 더욱 확장되어 법원 주변에 일본 가옥들이 즐비하게 들어서게 되었다. 안동역 근처에는 안동교도소가 들어서서 수많은 독립운동가가 수감되어 고초를 겪었다. 안동지역의 독립운동가와 그 집안의 후손들은 '불량 조선인'이라며 손가락질을 받았지만 그들의 독립운동은 지속되었다.

1948년 일본이 패망한 이후, 1950년 한국전쟁은 모든 것을 파괴하는 전쟁이었다. 낙동강은 연합군의 마지막 보루였고 치열한 격전장이었다. 기차가 지나가는 안동 역시 전쟁의 피해자였다. 연합군은 인민군들을 저지하기 위해 낙동강철교와 안동교를 폭파했다. 하지만 전쟁 이후 안동은 경북 내륙지방 교통의 중심지로 상업과 농업, 교육의 중심지로 발전하게 된다.

문화와 관광의 도시, 바이오 산업의 메카로 성장 중

현재 안동시(安東市)는 15만 7,000명이 사는 전통의 도시이자 경상북도 도청 소재지이다. 고려와 조선 시대에는 안동대도호부가 존재했기 때문에 유교 문화의 본고장으로 자부하며 '한국 정신문화의 수도 안동'이라는 도시 슬로건을 사용하고 있다.

1976년 안동댐과 1993년 임하댐이 들어서면서 안동은 상수도 보호구역으로 지정되어 공장이 들어서지 못해 비약적인 발전이 어려운 지정학적인 위치에서 처하게 되었다. 이에 여러 가지 발전 방안을 강구해 수몰된 지역 근처에 한국국학진흥원 같은 국책연구소를 세우고 신세동 벽화마을이나 예끼마을처럼 오래되거나 소외된 마을에 생기를 불어넣고 있다. 지금은 구 역사가 된 안동역은 시민의 문화 공간으로 활용되고 있다.

이 밖에도 안동에 산재한 문화자원과 스토리를 바탕으로 오페라, 뮤지컬, 연극, 애니메이션, 웹툰 등의 콘텐츠를 개발해 문화의 도시로 거듭나기 위해 노력하고 있다. 지역에서 생산하는 약초들을 이용한 바이오사업, 코로나 백신을 생산하는 SK바이오 등을 유치해 현재 안동은 오랜 역사와 문화를 바탕으로 문화와 관광의 도시, 바이오산업의 메카로 발전을 꾀하고 있다.

태사묘

01

태사묘

안동 역사의 시작점

근대화 개발의 와중에도 옮겨지지 않고 안동 중심부에 남아 있는 기와집이 있다. 바로 태사묘(太師廟)이다. 태사묘는 고려 시대부터 안동의 중심에 위치해 수령이 거처하는 관아보다 더 좋은 자리에 당당하게 서 있었다. 그것은 태사묘가 안동 역사의 시발점이기 때문이다.

927년, 호시탐탐 신라를 노리던 견훤은 신라의 수도 경주를 습격해 신라 경애왕을 죽이고 왕비를 능욕한 후, 왕의 족제(族弟)인 김부를 세워 왕으로 삼았으니 그가 신라의 마지막 왕 경순왕(敬順王)이다.

신라로부터 구원 요청을 받은 왕건은 군사를 이끌고 대구

인근의 팔공산에서 결전을 펼쳤지만 크게 패하고 가장 아끼던 장수 신숭겸과 김락 등을 잃고 도망치는 신세가 되었다. 승세를 탄 견훤은 연전연승했지만 왕건은 연전연패해 의성부까지 함락당하게 되었다.

고창 전투와 삼태사

견훤이 노리는 것은 고창(안동)이었다. 고창을 손에 넣는다면 병참선을 확보할 수 있으며 죽령 이북의 전투에서 주도권을 장악할 수 있기 때문이었다. 또한 고창 동북지역(영양, 청송)과 동해안 일대를 수중에 넣을 수 있는 교두보의 가치도 있었다.

왕건도 고창이 지역적 요지라는 것을 알고 있었기에 견훤과의 일전을 하지 않을 수 없었다. 하지만 연전연승하던 후백제군을 상대로 왕건은 점점 패색이 짙어지고 있었다. 바로 그때 변수가 생겼다. 고창 성주 김선평과 권행, 장정필 등이 왕건을 돕기 위해 일어선 것이다. 신라왕을 폐위하고 왕후를 강간한 패륜을 저지른 견훤의 행동에 분노한 지방의 호족들도 거들고 나섰다. 이 지역의 지리에 밝던 고창의 군사들은 견훤의 배후를 기습적으로 공격했다.

왕건과 고창 군사들의 협공에 견훤의 후백제군은 대패해 물러나게 되었다. 고창 전투의 승리로 영양과 청송 일대의 호족 30여 명이 왕건에게 투항했고, 동해안의 명주(강릉)부터 흥례부(울산)에 이르는 동해안 일대 110여 개의 성이 고려에 귀부하게 되었다.

단 한 차례의 싸움으로 왕건은 경상도 동해안 일대와 강원도에 이르는 큰 영토를 피 한 방울 흘리지 않고 단번에 얻을 수 있었던 것이다. 이로써 왕건은 삼국통일의 주도권을 쥐게 되었고, 백제를 물리치고 고려를 개국하는 결정적인 공로를 세우게 된다. 왕건은 태조 13년(930) 고창군을 안동부로 승격했는데 이로써 안동(安東)의 지명이 탄생되었다. 왕건은 개국에 큰 공로를 세운 세 호족에게 '삼한벽상공신삼중대광태사(三韓壁上功臣三重大匡太師)'라는 작위를 내리고 성씨를 하사해 공로를 치하했으니 권행(權幸), 김선평(金宣平), 장정필(張貞弼)이다. 세 사람은 각각 안동권씨, 안동김씨, 안동장씨의 시조로 작위의 끝자를 따서 '삼태사'라고 부르며 태사묘에 배향했다.

『태사묘사실기년(太師廟事實紀年)』에 의하면 고려 성종 2년(983)에 처음으로 삼태사의 제사를 지냈다고 한다. 사당은 조선 성종 조에 터전을 닦았으며 중종 35년에 지금의 위치에 건립했다고 한다.

이층 누각인 경모루(景慕樓) 안으로 들어가면 태사묘를 구경할 수 있다. 태사묘 안에는 보물각 · 숭보당 · 동서재 · 경모

태사묘 내 숭보당 고창(안동의 옛 이름) 성주 김선평과 권행, 장정필 등이 왕건을 도와 견훤의 후백제군을 크게 물리쳤다. 왕건은 개국에 큰 공로를 세운 세 호족에게 작위를 내려 치하했다. 이들은 각각 안동권씨, 안동김씨, 안동장씨의 시조이다.

루 · 안묘 · 차전각 등이 있는데 묘정에는 삼공신비(三功臣碑)가 있고 보물각 내에는 삼공신들의 유물이 보존되어 있다. 태사묘에서 눈에 띄는 것이 두 가지 있다. 하나는 차전각(車戰閣)이고, 다른 하나는 태사묘당 바깥에 있는 안묘당(安廟堂)이다.

차전각은 태사묘 오른쪽에 있는 건물로 차전놀이 용구를 비치한 곳이다. 차전놀이는 안동에서 전하는 고유의 놀이인데 '동채싸움'이라고도 한다. 동채는 약 10m쯤 되는 통나무 두 개를 사다리 모양으로 교차시킨 다음, 그 윗부분을 새끼줄로 단단하게 묶고, 사다리꼴의 안쪽에는 폭이 1m쯤 되도록 판자를 얹어 고정해 만든 것이다. 정월대보름에 장정들이 동채를 들고 동채의 판자 위에 우두머리를 올려 진퇴를 거듭하다가 서로 맞붙어 동채를 쓰러트린 쪽이 이기는 놀이가 차전놀이다.

안동차전놀이

차전놀이의 유래는 왕건과 견훤의 고창 전투에서 유래한다. 고창 전투에서 승리한 삼태사들은 싸움을 도와준 백성들을 모아 잔치를 열었다고 한다. 이때 등짐장수들이 흥에 겨워 대장을 태우고 서로 밀면서 놀았다고 하는데 이후에 고을 사람들이 읍내의 천리천을 경계로 동과 서로 편을 갈라 동채를 만들어 놀았던 것이 차전놀이의 유래다.

차전놀이는 고싸움놀이와 비슷하지만 동채 부분이 고싸움의 동채보다 날렵하고 역동적이다. 장정들이 동채를 높이 들면 하늘로 둥실둥실 날아오르는 것 같고, 두 개의 동채가 맞부딪혀 올라가면 70도 각도까지 대치하게 되어서 긴장감이 대단하다.

필자가 초등학교 다니던 때 – 그땐 국민학교였다. – 운동회가 열리면 으레 남학생들이 동과 서로 나누어 차전놀이를 했었다. 학교에도 차전을 놓아두는 창고가 있었고 어느 학교에서나 차전놀이를 했었다. 요즘엔 학생이 적은 데다 안전 문제로 학생들이 하지 않고 매년 가을 열리는 안동 탈춤축제에서 성인들에 의해 공연되고 있다.

안동차전놀이는 1961년 중요무형문화재 24호로 지정되어 보전되고 있다. 과거에는 차전놀이의 동채와 갑옷 같은 도구가 태사묘 차전각에 보관되어 있었는데 지금은 낙동강 변에 있는 탈춤축제장 차전놀이보존회에서 보관하고 있다. 차전놀이에 관한 역사와 유래 등은 그곳에서 자세히 알아볼 수도 있다.

삼태사가 왕건에게 협력해 견훤과의 싸움에서 이겼다는 것은 앞서 이야기한 바이지만 고창 전투에서 또 하나의 공신이 있었다. 안중(安中) 할매라는 주막 노파이다. 이 무렵 안중 할매는 고창에서 술을 잘 만든다고 이름이 알려졌었다. 견훤의 군대가 안동에 들이닥쳤을 때 안중 할매는 고삼을 탄 술을 군중에 돌렸다고 한다. 고삼은 맛은 좋지만 술이 독하다. 견훤의 군대가 안중 할매의 고삼주에 취해 비틀거릴 때를 기다리고 있던 왕건의 군대가 기습공격을 감행해 승리할 수 있었다. 승리를 축하하는 자리에서 왕건이 안중 할매에게 소원을 물었을 때 이렇게 대답했다고 한다.

"저는 자손이 없고 천한 몸이라 죽어도 제사를 지내 줄 사람이 없습니다. 저는 다만 삼태사님의 제사가 끝나면 남은 음식만이라도 주시면 감사하겠습니다."

차전놀이 왕건과 견훤의 고창 전투에서 유래한다.

안중 할매가 죽은 후에 삼태사 묘당의 바깥에 작은 묘당 하나를 세웠으니 그것이 안묘(安廟)이다. 안중 할매의 혼은 안묘에 모셔져 생전의 소원대로 수백 년 동안 제삿밥을 먹고 있다.

안묘에는 안중 할매 외에 '안금이(安金伊)'라는 노비가 함께 모셔져 있다. 안금이는 임진왜란 당시 왜적의 침입 때 삼태사의 위패를 보관했던 노비이다. 임진왜란 때 태사묘는 불탔지만 안금이 덕분에 위패는 무사할 수 있었다. 그 공을 기억해 후손들이 안묘에 안금이를 함께 모신 것이다. 국가적 제사를 지내는 사당에 노비를 위한 사당이 따로 존재한다는 것이 신선하게 느껴진다.

02

웅부공원

안동 행정의 중심터

웅부공원은 고려시대부터 조선시대까지 현재 도 단위 격인 안동대도호부를 거쳐 경북 동북부 17개 군을 관할하던 안동 관찰부 자리였다. 1963년 안동시로 통합되기 전에는 안동 군청이 자리 잡고 있었던 이 자리에 안동 시민들의 휴식 공간인 웅부공원이 들어서 있다.

안동에 '웅부(雄府)'라는 이름이 생겨난 것은 고려 공민왕 때다. 공민왕 8년, 모거경이 이끄는 4만 명의 홍건적은 서경까지 점령했지만 고려 군사에 밀려 퇴각했다. 하지만 2년 후 공민왕 10년(1361), 10만의 무리가 침입해 개경이 함락되면서 공민왕은 남쪽으로 피난을 오게 되었다.

웅부공원 고려에서 조선 시대까지 안동대도호부를 거쳐 경북 동북부 17개 군을 관할하던 안동 관찰부가 있었다. 옛 안동 군청 자리.

놋다리밟기의 유래

역사를 상고하면 공민왕이 홍건적의 난을 피해서 개경을 떠난 날짜는 1361년 음력 11월 병인일이다. 한참 겨울이 시작되어 추울 무렵에 개경을 출발한 것이다. 몽진 도중에 공민왕은 평생 겪어 보지 못한 수많은 고생을 하게 된다. 고을마다 백성이 없어서 식사조차 어려울 지경이었다고 한다.

개경에서 출발한 어진이 안동에 도착한 것은 1361년 음력 12월, 혹한 속에서 고생고생하며 안동에 도착한 공민왕은 초라한 모습으로 솔밤다리를 건너게 된다. 이때 소문을 듣고 몰려온 안동 부민들은 공민왕을 따스하게 맞이한다. 이 무렵은 한겨울이라 송야천의 물이 차가웠다. 어쩌면 얼음이 얼어 사람들이 얼음 위로 걸어 다녔는지도 모를 일이다.

오랜 몽진으로 초췌해진 왕과 왕비의 모습을 안타깝게 본 안동 부민들은 얼음이 언 개울 위에서 등을 맞대어 다리를 만들어서 그들을 건너게 했다. 수도에서 천 리 밖에 떨어진 작은 동리의 부민들에게 하늘 같은 왕과 왕비의 모습은 스타 아이돌을 직접 만나는 심정과도 비슷했을지도 모른다. 그 황홀했던 기억을 잊지 않기 위해 만들어진 놀이가 놋다리밟기다.

놋다리밟기 놀이는 정초부터 시작해 정월대보름에 절정을 이루는데, 그날 저녁 젊은 여자들이 일정한 장소에 모여 노래를 부르면 그 소리를 신호로 마을의 부녀자들이 모여들어 놀이가 시작되었다고 한다. 마을에서 예쁜 아녀자 하나를 뽑아서 아름답게 치장한 후 노국공주로 지칭했다. 아녀자들이 일렬로 늘어서서 허리를 굽힌 뒤 앞 사람의 허리를 두 팔로 감아 안고 미리 선발된 노국공주를 등 위로 걸어가게 했다.

노국공주가 아녀자들의 등을 밟다가 쓰러지지 않게 양옆에서 시녀 두 사람이 손을 높이 들어 잡고 부축하면 노국공주는 노랫소리에 맞추어 느린 걸음으로 전진한다. 노국공주가 등 위로 지나간 사람은 다시 앞으로 가서 허리를 굽혀 열이 끊이지 않게 했다.

놋다리밟기 고려 공민왕과 노국공주가 안동으로 몽진을 온 일을 기념하여 안동에서 정초부터 정월대보름까지 하는 놀이.

필자가 초 · 중 · 고등학교에 다닐 때 시민 체육대회가 열리면 놋다리밟기와 차전놀이는 단골 행사였다. 심지어 초등학교에서 놋다리밟기를 하는 곳도 많았다.

시민 체육대회가 열리면 놋다리밟기는 여자상업고등학교에서, 차전놀이는 남자공업고등학교에서 도맡아서 했는데 요즘은 학생들의 행사는 사라지고 10월에 열리는 안동 국제 탈춤행사에서 정기공연으로 구경할 수 있다.

고려 때 만들어진 영호루

공민왕은 안동에서 평안한 시간을 보낼 수 있었다. 피난 중의 적적한 마음을 달래기 위해 자주 남문 밖에 우뚝 서 있는 영호루를 찾았고, 때로는 누각 아래 강물에 배를 띄우기도 했으며, 활쏘기를 했다고 한다. 안동 영호루는 진주 촉석루, 밀양 영남루, 남원 광한루와 함께 우리나라 4대 누각으로 불렸던 곳이다. 창건에 관한 문헌이 없어 언제 누구에 의해 건립되었는지 잘 알 수는 없지만, 고려 초기인 1274년 김방경 장군이 누에 올라 시를 읊은 기록이 있어 오랜 역사를 지니고 있다는 것을 짐작할 수 있다. 본래 영호루는 안동 읍성 남문 밖에 있는 작은 언덕 위에 있었다고 한다. 언덕 아래에는 자연적으로 만들어진 늪지 호수가 있었는데 '영호(暎湖)'라고 불렀다. 안동

영호루 본래 안동 읍성 남문 밖에 있는 작은 언덕 위에 있었다고 한다. 그간 여러 번의 물난리로 유실과 중수가 반복되었는데 1970년 복원공사 때 본래 있던 곳의 반대편 강 언덕에 지어졌다. 누각의 사방에는 시가 쓰여 있는 편액이 걸려 있다. 충렬공 김방경, 삼봉 정도전, 양촌 권근, 목은 이색, 모재 김안국, 점필재 김종직, 농암 이현보, 퇴계 이황 등등 이름만 들어도 알만한 유명한 명사들의 시가 영호루의 빼어난 경관을 노래하고 있다.

의 옛 지명에 영호라는 단어가 있는 것은 여기에서 유래하는 것이다.

영호루는 여러 번의 물난리로 공민왕 이후 유실이 다섯 차례, 중수가 일곱 차례 이루어졌다고 하는데 1934년 갑술 대홍수 때 완전히 소실되었다고 한다. 공민왕의 친필 현판도 이때 물과 함께 떠내려갔으나 천행으로 300리 하류에 있는 상주의 주민들이 금빛을 보고 현판을 찾아 되돌려주었다고 한다.

영호루는 1970년 복원공사 때 본래 있던 곳의 반대편 강 언덕에 지어졌다. 정면 5칸, 측면 4칸의 누각에 오르면 안동 시가지가 훤하게 보인다. 누각의 사방에는 수많은 시인 묵객이 써 놓은 시들이 걸려 있다. 충렬공 김방경, 삼봉 정도전, 양촌 권근, 목은 이색, 모재 김안국, 점필재 김종직, 농암 이현보, 퇴계 이황 등등 이름만 들어도 알만한 유명한 명사들의 시가 영호루의 빼어난 경관을 노래하고 있다. 그 가운데 조선의 건국 공신인 삼봉(三峰) 정도전(鄭道傳)의 시 한 편을 소개해 본다.

飛龍在天弄明珠 날아오르는 용이 하늘에서 밝은 구슬 희롱하다가
遙落永嘉湖上樓 영가(永嘉) 호수 누각 위에 떨어뜨렸네
夜賞不須勤秉燭 밤 구경엔 구태여 불 밝힐 것 없어
神光萬丈射汀洲 만 길의 신령한 빛이 물가에 비추네

신령한 빛이란 아마도 영호루의 금빛 현판을 말한 것 같다. 홍건적의 난이 진압된 후 개경으로 돌아간 공민왕은 친필로 '안동웅부(安東雄府)'라는 현판과 영호루 현판을 내려주었다. 웅부(雄府)는 '커다란 고을'이란 뜻으로, 공민왕이 안동 고

을에 얼마나 감사한 마음을 가지고 있었는지 짐작할 수 있는 이름이다. 공민왕이 써 준 영호루 현판 역시 유명해서 영호가 안동의 옛 이름 중의 하나가 될 정도였다.

웅부공원 문루인 대동루가 있는 넓은 마당 뒤에는 영가헌이 자리하고 있다. 영가헌은 안동웅부 현판만 남았던 동헌을 2002년 안동시에서 복원한 건물이다. 안동을 호령하던 원님은 사라지고 없지만 더운 여름 영가헌의 마루에는 더위를 피해 쉬고 있는 사람들을 쉽게 발견할 수 있다. 웅부공원의 넓은 마당에서는 문화 공연들과 행사가 많다. 필자가 갔던 날도 길거리 버스킹이 열리고 있었는데 주변에 사람들이 많은 호응을 해 주고 있었다.

대동루 서쪽에 있는 안동 평화의 소녀상은 뜻있는 안동 사람들이 돈을 모아 만든 것으로 일제의 역사 왜곡에 대응해 분노한 안동인들의 마음이 담겨 있는 소녀상이다. 소녀상 옆에는 똥똥한 몸매의 화강석 바위인 기자석이 있다. 왜 '기자석'이라고 부르는지는 알 길이 없으나 통통한 몸매를 보고 있으면 정겹게 느껴진다.

소녀상 뒤편에는 종각이 있는데 이름하여 '시민의 종'이다. 본래 안동 동헌에는 쇠종이 있었는데 예종 1년(1469) 국명에 따라 오대산 상원사(上院寺)로 옮겨가게 되었다. 그런데 이종이 죽령에 이르러 길게 울며 움직이지 않았다고 한다. 사람들이 고심하던 끝에 종유(鐘乳) 하나를 떼어 내 안동에 보내니 비로소 움직였다는 전설이 전한다. 시민의 종은 조선시대 눈물겹게 이사했던 상원사 종을 재현한 것이다.

웅부공원 오른편에는 안동문화원 건물과 콘텐츠박물관이 있다. 문화공원 뒤에는 일본식 건축물들이 몇 개 남아 있는데 과거 안동에 거주하던 일본인들이 살았던 곳으로 일제 지배의 잔재가 남아 있는 곳이기도 하다. 안동문화원 건물은 과거 안동법원이 있던 자리로 그 뒤편에는 군사정권 시절 요정이나 고급 음식점들이 많았다고 했다. 하지만 1980년대 안동법원이 낙동강 건너의 정하동으로 이전하면서 요정과 고급 음식점들도 덩달아 폐업해 흔적만 남아 있다.

웅부공원 정문 앞에서 쭉 뻗은 길을 바라보면 옛 안동역이 선명하게 보인다. 옛 안동역에서 웅부공원까지 300m 정도 되는 이 길을 '웅부문화거리'라고 명칭하고 2020년부터 공사가 진행되었다.

····· 더 보기 :

안동의 풍수 이야기: 웅부공원 신목 · 개목사

태사묘를 나와 오른편으로 30m 정도 가다 보면 눈앞에 커다란 느티나무 한 그루와 큰 기와 건물이 나타나는데 이곳이 웅부공원(雄府公園)이다. 이곳은 과거 관아가 있던 자리로 안동 군청이 있다가 철거된 후, 2002년 옛 관아의 동헌과 문루, 상원사 동종을 재현한 종각을 새로 지어 시민들의 휴식 공간이 되었다.

안동부신목

이곳에 있는 느티나무는 옛 군수의 관사 마당에 있던 나무로 '안동부신목(安東府神木)'이라는 이름이 있다. 수령이 800년 정도 되는 신목은 신라 의상대사가 심은 나무라는 전설이 있다. 신목의 맞은편 소녀상 옆에

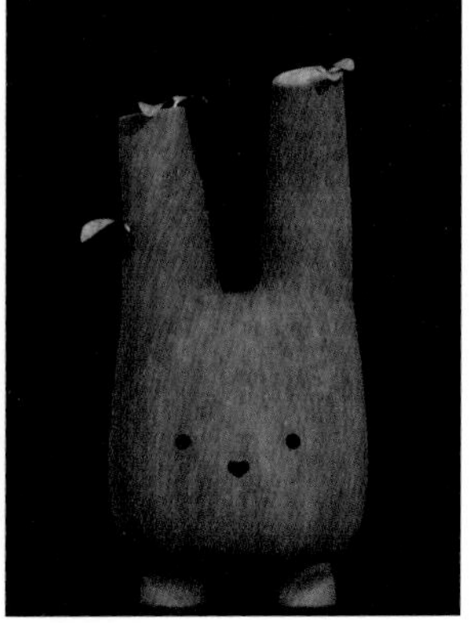

웅부공원 신목, 걱정나무 안동부신목은 주술적인 힘을 지니고 있다고 여겨졌었고, 안동시에서는 걱정을 해결해 준다는 걱정나무 캐릭터로 홍보하고 있다.

도 한 그루의 오래된 느티나무가 있는데 동헌 앞에서 사람들의 근심 걱정을 들어준다고 해 '걱정나무'라는 이름이 붙었다.

1931년 무라야마 지준(村山智順)이 쓴 『조선의 풍수』에서는 '안동의 수목'이란 이름으로 안동부신목에 관해 언급하고 있는데 주술적인 힘을 지니고 있다고 여겨졌다. 이에 관해 안동에서 전하는 전설을 소개한다.

안동 풍수와 맹사성

옛날 옛적에 맹사성이 안동 부사로 부임하게 되었다. 당시 안동에는 많은 문제가 산적해 있었는데 젊은 남자들의 요절이 많았다. 관사에서 늦은 밤까지 이를 근심하던 맹사성은 책상에 기대어 깜빡 잠이 들었다. 그때, 머리가 하얗게 센 노인이 맹사성 앞에 나타났다. 자신을 신목의 '영(靈)'이라고 소개한 노인은 맹사성에게 해결책을 이야기해 준다.

"안동은 예부터 북쪽에서 내려오는 낙강과 길안에서 흘러오는 반변천이 합해져서 서쪽으로 빠져나가는 모양새가 사람 인(人)자가 거꾸로 된 것처럼 보이는 불길한 지세를 가지고 있소. 젊은 사람들의 요절을 막기 위해서는 지세를 바꿔야 하오."

꿈에서 깨어난 맹사성은 크게 깨달은 바가 있었다. 맹사성은 영남산에서 흐르는 개울인 천리천과 서낭골에서 흘러내리는 당북천을 낙동강으로 끌어들여 물길을 어질 인(仁)자로 바꾸었다. 그리고 강변에 숲을 만들어 불길한 기운이 도성 안으로 미치지 못하게 했다. 그러자 요절하는 남자들이 사라져서 안동이 살기 좋게 되었다. 이에 맹사성은 신목에게 술을 내려 신목의 영에게 보답했다. 이로부터 안동 부사나 군수가 부임하는 첫날과 퇴임하는 마지막 날에 신목을 위해 당제(堂祭)를 지내며 고유(告諭)하는 행사가 관례가 되었다고 한다.

근대화가 시작된 후에도 당제는 계속 열리고 있는데 현재는 매년 정월 열나흗날 자정에 안동시장이 고장의 안녕과 마을 사람의 복을 기원하며 당제를 올리고 있다. 안동 사람들은 정월이면 소원나무의 새끼줄에 소원을 적었고, 걱정나무의 새끼줄에 걱정을 적어 정월 보름 달집태우기를 할 때에 소원과 걱정을 한꺼번에 태워 한해의 안녕과 복을 기원했다. 이 신목 이야기를 바탕으로 만들어진 걱정나무 캐릭터가 있는데 신령스럽기보다 귀여운 느낌이 든다.

안동의 지도를 살펴보면 이 이야기가 막연한 전설은 아닌 듯하다. 안막동에서 내려오는 물길이 안동시 서문으로 흐르고 있고, 안기동에서 흐르는 물길이 낙동강으로 내려와서 어질 인(仁)자 구조로 되어 있다. 두 갈래 물길에 복개 공사를 해 도로가 되어 지도상에는 물길이 보이지 않

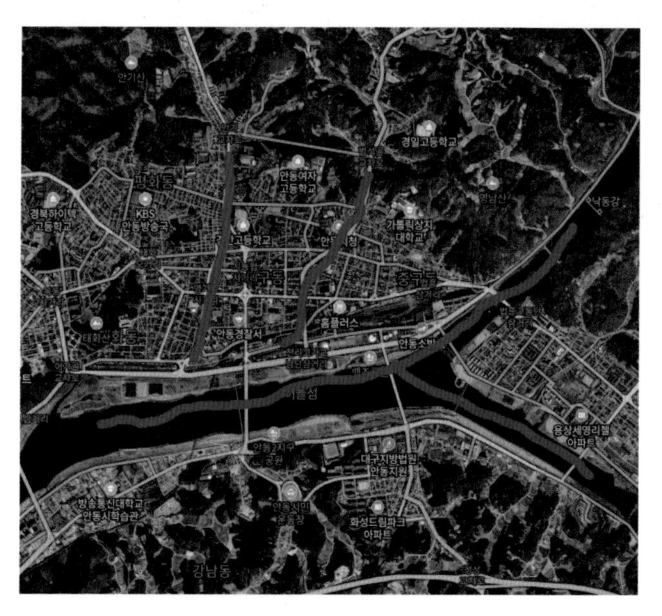

안동 풍수지도 이 지도에서처럼 조선시대 안동 부사 맹사성이 어질 인(仁)자 구조로 지세를 바꾸어 젊은 사람들의 요절을 막았다는 이야기가 전해진다.

천등산 개목사 눈을 뜬다는 말은 깨닫는다는 의미도 된다. 의상대사가 만든 개목사는 과거에는 99칸이었다고 한다. 하지만 현실의 개목사는 작은 암자에 불과하다. '천등산 개목사'라는 현판이 붙은 오래된 전각을 들어가면 넓지 않은 뜰 안에 중심 전각인 원통전과 요사채가 있을 뿐이다. 개목사의 주불전은 대웅전이 아닌 원통전이다.

지만 실제로 두 줄기 물길은 낙동강으로 합류해 흐르고 있다. 맹사성이 안동 부사로 있었다는 기록은 아쉽게도 남아 있지 않다. 하지만 그의 이름이 안동의 전설에 자주 보이는 것으로 보아 안동의 풍수와 매우 관련이 깊은 것은 사실이다.

『조선왕조실록』 등의 기록을 찾아보면 맹사성은 사헌부 대사헌으로 재임하던 1408년에 역모 혐의를 받은 부마 조대림을 취조했다가 큰 낭패를 겪는다. 태종은 대노한다. 맹사성은 장 100대를 맞고 한주(경기도 광주)에 있는 향교로 유배되었다. 이듬해인 1409년(태종 9) 태종은 그에게 직첩을 돌려주고 외직으로 전근시키고 미두 20석을 하사하며 위로했다고 한다.

그후 1411년(태종 11) 12월 9일, 태종은 맹사성과 유정현, 이승상 등을 위해 잔치를 베풀어 주었고, 이듬해 그를 황해도 관찰사로 임명했다는 기록이 있다. 향교 유배가 풀린 후 1409년에서 1411년까지 2년 동안 외직을 했다는 기록으로 보아 이 무렵, 맹사성이 안동 부사를 했다고 추측해 볼 수 있다. 안동 부사는 정3품 외직이라 직위가 낮지 않았으므로 맹사성이 안동에서 2년가량 머물면서 선정을 베풀었던 까닭에 황해도 관찰사로 추천되었다는 가정은 신빙성을 가지게 된다.

눈을 뜨게 하는 절

봉정사 영산암에서 위로 곧장 난 산길을 따라 걸어간다. 녹음이 짙고 시원한 산길의 정취를 만끽하면서 한적한 오솔길을 따라 올라가다 보면 개목사(開目寺)가 나타난다. 사실 개목사는 아래쪽에 있는 가야마을에서부터 곧장 올라가는 길이 있다. 그 길로는 차로 갈 수 있는데 돌아가기 귀찮아서 걸어서 개목사에 도착했다.

개목사는 신라 때 의상이 창건했다고 전해 온다. 의상대사가 이 산 정상 근처의 큰 바위 아래에서 수도를 하는데, 하늘에서 큰 등불이 비추어 주어 99일 만에 도를 깨치게 되었다. 그래서 지금의 자리에 99칸 절을 짓고, '하늘이 불을 밝혔다'는 뜻으로 '천등사(天燈寺)'라고 불렀다고 한다. 한편 『영가지(永嘉誌)』에 의하면 원래 절 이름을 '흥국사(興國寺)'라고 불렀으며 이 절을 지은 것도 능인대사라고 한다. 의상과 능인의 이야기가 섞이고 섞여서 누가 맞는지는 알 길이 없고 확인할 길도 없다.

고려시대에는 정몽주가 이 절에 와서 공부했다고 하며, 조선 초에 맹사성이 안동 부사로 와서 중수했다고 전한다. 1969년 원통전을 해체·수리할 때 발견한 상량문에 따르면 이 건물은 1457년에 지은 것으로 여겨진다. 옛날, 이 지역에는 유난히 맹인이 많았다고 한다. 조선 초기 안동에 부임한 맹사성은 이 지역의 풍수를 살피다가 이 절의 이름을 개목사(開目寺)로 바꿨다고 한다. 그 후로 이 지역에서 장님이 생기지 않았다고 한다.

설화를 듣다 보면 이런 생각이 들기도 한다. 화엄종의 종조인 의상대사가 이곳에서 천등사(개목사)를 창건하면서 뒷산의 이름을 천등산으로 붙이고, 이후에 의상의 제자인 능인이 수도하러 왔다가 봉정사를 지으면서 천등산에 두 개의 절이 생겼을 수도 있겠다는 가설이다.

의상대사는 신라 왕실을 업고 있어서 위세가 대단했던 모양이다. 전국 곳곳에 의상대사가 지은 절이 있으니 말이다. 부석사(浮石寺), 비마라사(毘摩羅寺), 해인사(海印寺), 옥천사(玉泉寺), 범어사(梵魚寺), 화엄사(華嚴寺), 보원사(普願寺), 갑사(岬寺), 국신사(國神寺), 청담사(靑潭寺) 등을 '화엄십찰(華嚴十刹)'이라고 부르는데 의상과 그 제자들에 의해 전국 곳곳에 세워진 화엄종 사찰이다. 그 가운데 부석사, 화엄사, 해인사, 범어사, 갑사 등은 오늘날에도 대찰(大刹)로 이름이 높다.

불국사(佛國寺)와 석굴암(石窟庵)은 의상의 제자인 표훈(表訓)에게 화엄사상을 배운 김대성(金大城)이 화엄의 세계를 형상화하기 위해 세운 한국을 대표하는 건축물이다. 화엄종과 의상대사의 세력이 얼마나 컸는지 짐작할 수 있게 하는 대목이다.

안동에 전하는 전설에 의하면 의상대사가 만든 개목사도 과거에는 99칸이었다고 한다. 하지만 현실의 개목사는 작은 암자에 불과하다. 천등사 개목사라는 현판이 붙은 오래된 전각을 들어가면 넓지 않은 뜰 안에 중심 전각인 원통전과 요사채가 있을 뿐이다. 개목사의 주불전은 대웅전이 아닌 원통전이다. 원통은 모든 소리를 마음대로 들을 수 있는 능력을 갖추고 있다는 관세음보살을 말한다. 관세음보살을 본존(本尊)으로 모신 사찰인 것이다.

개목사는 언듯 보면 가정집같이 소박해서 절이라는 느낌이 들지 않는다. 하지만 소박한 건물에도 많은 이야기가 숨어 있다는 것을 간과해서는 안 된다. 눈을 뜬다는 말은 깨닫는다는 의미도 된다. 사찰이라서가 아니라 깨달음을 얻는 일이야말로 인간의 궁극적인 지향점이 아닐까?

03

안동역

일제 침탈의 역사

2020년 안동시 송현동에 KTX가 다니는 안동역이 새로 만들어졌다. 그 이전까지 약 90년간 역사로 사용되었던 운흥동 안동역은 일제 침탈의 요지이면서 안동 경제의 큰 축이었다. 안동에 안동역이 들어선 것은 1930년 일제강점기였다. 유림이 많았던 안동은 일제가 침탈하기 이전부터 의병들이 일어나 일제와 항거하던 고장이었다. 흔히들 안동을 양반의 고장으로 알고 있듯이 안동은 문중을 위시한 유림과 도산서원으로 대표되는 사림의 고장이었다.

봉건주의 왕권을 신봉하고 성리학을 배워 왔던 양반들은 1894년 일본 군대가 조선 정부의 내정개혁을 요구하면서 경

송현동 새 안동역 2020년 안동시 송현동에 KTX가 다니는 안동역이 새로 만들어졌다.

복궁을 점령하는 갑오변란을 일으키자 의병을 일으켰다. 이듬해 민비가 일본인 자객들에게 시해당하는 을미사변이 일어나고 을미개혁의 일환으로 단발령이 내려지자 안동의 수많은 유림과 양반은 조직적으로 의병을 일으켜 일제에 항거했다. 향산 이만도는 영남 유림의 영수로 예안의진(선성의진宣城義陣의 이칭)을 조직해 일본군을 공격했고 이 과정에서 일본군의 방화로 안동의 반이 불타기도 했다. 의병대장 김흥락이 있던 학봉종택 역시 일본군의 만행을 겪었다.

을사조약이 체결되자 이만도를 위시한 의병의 영수들은 스스로 목숨을 끊는 자정순국을 택했고, 일부 유림들은 독립운동을 위해 망명을 하게 된다. 대표적인 인물이 임청각의 주인인 이상룡과 내앞마을의 김대락이다. 이들은 가족과 친지들을 이끌고 압록강을 건너 만주에서 독립운동을 시작한다.

강제로 조선의 국권을 빼앗은 일제는 조선의 땅에 물자 약탈과 대륙 침략을 위한 수송로인 철도를 놓는데 1930년에는 안동에서 철도 공사를 하게 된다. 당시 일제는 독립운동가 이상룡의 집인 임청각을 철도 인부들의 숙소로 쓰게 하고 행랑채와 대문을 없애고 그곳에 철길을 만들었다.

1년여의 공사 끝에 1930년 10월 안동역이 준공되었고 증기기관차가 운행되었다. 철도의 개통으로 안동의 지역사회는 큰 변화를 맞게 된다. 지게와 우마로 실어 나르던 물류체계가 엄청난 양을 소화할 수 있는 철도로 바뀌자 안동역 주변으로 상업 기능이 몰려들었다. 영남산 아래쪽에 있던 안동의 도심은 안동역의 개통으로 낙동강 변까지 확장되었다. 과거 예안보다 작았던 안동의 도심은 점점 확대되었고 사람들의 이동 반경 또한 커지게 되었다. 안동은 그렇게 점점 커졌다.

1950년 6·25 한국전쟁이 일어났을 때 철도는 군수물자를 운반하는 동맥 역할을 했지만 북한의 남하를 우려해 낙동강 철도와 안동교를 폭파했다. 낙동강 전투의 경계였던 안동은 전쟁으로 철저하게 파괴되었다.

전후 복구작업을 통해 안동역은 1960년 8월 현재의 모습으로 준공됐다. 안동역을 중심으로 안동의 경제도 성장하게 된다. 역 앞에 남아 있는 큰 굴뚝은 1960년대 이곳에 자리 잡아 지역경제의 한 축이 된 '경상섬유' 공장의 흔적이다. 하지만 1964년 철도국청사가 영주로 이전하면서 안동경제의 역동성은 점점 쇠퇴하기 시작해 지금에 이르고 있다. 구부러졌던 철로를 일직선화하면서 2020년 안동역은 송현으로 이전했고 KTX가 운행되고 있다.

운흥동 구 안동역 '안동 문화플랫폼 모디684'라는 문화 공간으로 쓰이고 있다. '모디'란 모이다를 뜻하는 경상도 사투리이다.

운흥동 5층전탑과 당간지주 구 안동역 역사의 역전 주차장 옆에 있다. 당간지주란 절에서 부처님의 말씀을 적어놓은 불기나 부처를 그림으로 그려놓은 괘불 등을 다는 깃대를 고정시키는 돌기둥이다. 전탑과 당간지주의 크기로 보아 통일신라시대에 이곳에 큰 절이 있었다는 것을 짐작할 수 있다.

현재 구 안동역은 옛 모습 그대로 시민의 공간으로 거듭나고 있다. 역 이름이 있던 간판에는 '안동 문화플랫폼 모디684'라고 쓰여 있다. '모디'란 모이다를 뜻하는 경상도 사투리이다. 역 안쪽으로 들어가면 메인홀인 시민공회실과 갤러리 및 도서관 등 다양한 공간이 구성되어 있다. 기차를 타고 내리던 플랫폼은 시화전이나 사진 전시회를 관람할 수 있는 문화 공간으로 조성되었다. 역 바깥에서는 가수 진성의 노래 '안동역' 가사가 쓰인 비석을 만날 수 있고, 안동역 100년의 기록전시관도 있어 자세한 역사를 알아볼 수도 있다.

역전 주차장 옆에는 운흥동 5층전탑과 당간지주를 볼 수 있다. 통일신라시대의 전탑인 5층전탑은 본래 7층이었으나 전쟁 중 일부 파손되어 복구하는 과정에서 5층으로 축소되었다고 한다. 전탑과 당간지주의 크기로 미루어 통일신라시대에 이곳에 큰 절이 있었다는 것을 짐작할 수 있다.

일제 침탈의 역사는 안동 곳곳에서 확인할 수 있다. 영남산의 남쪽. 안동역에서 동북 방향에 있는 산동네를 '달동네'라고 불렀다. 그 산 아래에는 해동사라는 큰 절이 있는데 과거 안동교도소가 있던 곳이다. 일제가 조선을 침탈하면서 전국적으로 의병운동이 일어나 감옥의 수용인원이 급격히 증가하면서 각지에 교도소가 생겨났다. 총독부령 제41호에 의해

1921년 7월 11일 개소한 안동교도소는 일제가 한국을 조직적으로 억압하고 통제하기 위해 만들어졌다. 광복 때까지 수많은 독립운동가가 고초를 겪었고, 광복 후 한국전쟁 시기에는 수감자들이 재판도 없이 집단으로 총살당하는 아픔이 있었던 곳이다. 1985년 안동교도소가 이전한 후 그 자리에는 해동사가 들어왔다.

신세동 벽화마을

해동사에서 서쪽으로 조금만 오면 영남산 아래에 안동동부초등학교가 있다. 동부초등학교 옆에는 성진골이라는 달동네가 있었는데 골짜기로 난 길을 따라 산꼭대기까지 작은 집들이 다닥다닥 붙어 있었다. 가난한 동네였지만 인심은 좋았고, 높은 지대에 있어서 풍경은 더없이 좋았다. 필자의 친구들도 대부분 그 동네 출신이었다. 하지만 세월이 지나 도시로 인구가 유입되면서 성진골 달동네에도 빈집이 하나둘 생겨났다. 마을 사람들은 동네가 흉물스럽게 변해 갈까 걱정이었다. 그러던 중 2009년 마을 미술 프로젝트의 일환으로 신세동 골목길마다 벽화를 그려 넣어 마을에 생명력을 불어넣기 시작했다.

어두침침한 회색빛 담장에 알록달록한 색깔이 칠해지고 진달래와 자작나무, 마을 어르신들과 아이들의 얼굴이 채워졌다. 줄 타는 고양이, 오줌 누는 개 등 재미있는 조형물도 더해지면서 동네 풍경을 바꿨다. 불량배가 나올 것 같은 좁은 골목길은 요정이 나올 것 같이 화사한 마법의 골목이 되었고, 담장 벽에 악보가 붙어서 노래를 따라 부를 수도 있을 것 같다. 아무것도 없던 동네에 재미있는 작품들이 가득 차고 볼 것들이 많아지면서 사람들이 찾아오기 시작했다. 사진 찍기 좋은 예쁜 포토존에서 사진도 찍을 수 있고, 안동 시내 풍경이 한눈에 들어오는 곳에 카페도 들어서서 연인들과 여행자들을 불러들였다.

여기에 그치지 않고 2019년, 안동시는 문화 특화지역 조성사업으로 심찬양 작가의 작품을 유치했다. 커다란 학교 벽에 흑인 여자아이가 한복을 입은 그림이 그것이다. 이 그림은 세계적인 그래피티(낙서) 아티스트 심찬양 작가의 작품이다. 심 작가는 '로열독(Royyal Dog)'이라는 예명으로 미국을 중심으로 활동하고 있는 한국인 아티스트다. 심 작가의 벽화가 추가되면서 성진골 벽화마을은 더욱 유명해지게 되었다. 보잘것없는 달동네가 안동에 오는 이들이 반드시 구경해야 할 동네가 된 것이다. 상전벽해(桑田碧海)란 이를 두고 하는 말일 것이다. 벽화마을은 낮에도 예쁘지만 밤에는 안동의 야경을 담을 수 있는 핫스팟이기도 하다.

아티스트 심찬양의 세계적인 그래피티(낙서) 작품.

04

안동문화의 거리

역사와 문화와 맛집이 있는 거리

안동역에서 서쪽으로 이동하면 안동의 중심가가 나타난다. 은행과 옷가게, 신발가게와 카페, 식당들이 즐비한 이곳은 안동문화의 거리로 불린다. 외지인들에게 알려진 안동의 개념은 전통문화의 도시 혹은 양반의 도시이다. 하지만 안동은 교육도시이기도 하다. 안동은 오랫동안 교육도시로서 역할을 해왔다. 대학과 전문대학을 비롯해서 초등학교와 중학교, 고등학교가 20여 개가 넘고 경북 북부권의 학생들이 블랙홀인 양 안동으로 몰렸다. 인구가 팽창하던 1980~1990년대에는 학생 수요로 인해 안동의 경제가 활황을 맞으면서 시장이 걷잡을 수 없이 커지게 되었다.

문화의 거리 안동터미널 맞은편에 있다. 안동초교 옆 구시장도 바로 옆이다.

경제 활성화로 인해 신시가지가 포화 상태가 되자 시의 구역이 확장되었다. 과거 안동의 중심가는 단연 이곳이었다. 하지만 시의 권역이 넓어지면서 구시가지의 인구가 점차 줄어들게 되자 안동시에서는 고심 끝에 안동문화의 거리를 조성해 차가 다니지 않는 문화 공간을 만들었다.

안동문화의 거리에서 눈에 띄는 곳이 있다. 안동의 맛집으로 유명한 맘모스제과다. 맘모스제과는 1974년 이석현 씨가 대구에서 안동으로 건너와 빵집을 세운 것이 시초가 됐다. 안동에서 묵묵하게 장사를 해 오던 중 2011년 전 세계 맛집 가

이드북인 『미슐랭 그린가이드』에 소개되면서 맘모스 빵집은 세상에 존재감을 드러내게 되었다. 빵집으로서 미슐랭에 소개된 것은 국내 첫 번째였다고 한다. 이후 군산의 이성당, 대전의 성심당과 함께 전국 3대 명물 빵집으로 꼽히게 되었다.

구시장 찜닭 골목

문화의 거리에서 동쪽으로 한 블록 걸어가면 전통 재래시장인 구시장이 나타난다. 안동의 1번지 재래시장으로 옛날에는 중앙시장이라 불렀는데 지금은 구시장이 되었다. 안동 사람들

재래시장인 구시장 안동 찜닭 골목으로도 유명하다.

이 즐겨 부르는 단어가 명사로 고정된 것이다. 조선 말기에 최초로 형성된 구시장은 제수용품 거래가 활발했고, 한국전쟁 후 어려운 시절에는 땔감이 거래되던 시장이었다. 2일과 7일마다 열리는 5일장도 있지만 이곳은 늘 시장이 섰다. 한국전쟁 후, 안동 상권의 중심이 되어 1970~1980년대 호황을 누렸지만 안동의 행정구역이 확대되면서 상권이 쇠퇴했다. 이마트나 홈플러스, 농협마트 같은 대형 유통업체에 고객을 빼앗기면서 쇠락의 길을 걷고 있지만 구시장에도 사람들이 줄을 서는 명물거리가 있다. 안동 찜닭 골목이다.

필자가 20대일 무렵, 1990년도에 찜닭 가격이 1만 원이었던 것으로 기억한다. 당시 친구들과의 술자리에서 찜닭은 최고의 안주였다. 푸짐한 당면 속 닭고기와 야채는 가난한 학생들의 좋은 술안주이자 끼니까지 책임지던 음식이었다. 안동을 찾아오는 사람들이라면 반드시 구시장 찜닭 골목에서 안동찜닭을 먹어보길 바란다. 닭요리의 신기원을 맛보게 될 것이다.

신시장과 안동 간고등어

찜닭 골목을 지나면 높은 둑이 나온다. 이곳은 북쪽에서 내려오는 시내가 지나가는 곳으로, 복개를 해 지금은 차량이 지나가는 도로가 되었다. 도로를 지나 서쪽으로 가다 보면 멀지 않은 곳에 시장이 나타난다. 그곳을 신시장이라고 한다. 안동의 인구 증가와 행정구역의 확대로 자연스럽게 생겨난 시장이 신시장이다. 구시장은 옛날 시장이고 신시장은 새로 만든 시장이다. 지금은 신시장도 옛날 시장이지만 변하지 않고 그 명칭을 그대로 유지하고 있다. 마치 칠십대 할머니가 육십대 할머니를 새댁이라 부르는 것처럼 말이다.

한때 신시장은 대한극장과 소극장이 한 군데 있었고, 두 개의 롤라스케이트장이 있었다. 시장 좌우로 분식집도 많았다. 극장과 롤라스케이트장은 아이들로 가득했고, 찐빵과 떡볶이 가게도 활황이었다. 학생들이 안동 경제의 주축이 되었던 1980~1990년대 이야기다. 장강의 뒷물결이 앞물결을 밀어내듯 신시장은 구시장을 밀어내면서 활개를 쳤다. 하지만 화무십일홍처럼 모든 것은 한때인 모양이다. 인구수가 떨어지면서 신시장은 쇠락해서 예전 모습을 잃었다. 이것은 비단 안동의 재래시장만의 고민은 아닐 것이다. 전국적으로 재래시장이 힘든 건 마찬가지다.

신시장에서 특별하게 소개하고 싶은 곳은 간고등어를 만드는 어물전이다. 찜닭과 함께 안동에서 유명한 먹거리는 안동 간고등어다. 고등어를 소금에 절여 구워 먹는 간고등어는 일미(一味)라고 할 수 있다. 간고등어가 안동의 유명 먹거리가

안동 신시장 외부 간고등어 가게가 보인다. 간고등어가 안동의 유명 먹거리가 된 것은 지리적 이유 때문이다.

된 것은 지리적 이유 때문이다. 안동은 바다와 멀리 떨어진 내륙에 있다. 지금은 영덕에서 차로 한 시간 거리지만 등짐장수나 보부상이 도보로 움직이던 과거에는 이틀이나 걸리는 거리였다.

아침 일찍 영덕항에서 잡힌 고등어를 보부상이 안동까지 가져오면 이틀이 걸리는데 염천 더위에 고등어가 상하기 십상이었다. 그런 까닭에 첫날 머물게 되는 임동 챗거리 장터에서 고등어의 배를 갈라 소금에 절였다. 더위에 맛이 살짝 가고 소금기가 잔뜩 들어간 고등어지만 안동에서는 날개 돋힌 듯이 팔렸다. 안동에서는 바다고기가 귀했기 때문이다. 장날에 아버지가 파리가 따라다니는 반쯤 썩은 고등어를 사오면 어머니는 아궁이에 남은 숯불에 고등어를 구웠다. 숯불에 노릇노릇 익어 가는 고등어를 바라보던 아이들은 침을 꼴깍꼴깍 삼키며 고등어가 구워지기만을 기다렸다.

고소한 고등어 기름과 짭짤한 소금기가 절묘하게 조화된 간고등어는 예로부터 밥도둑이었다. 안동 일대에서 소금에 저린 고등어가 장사가 되면서 전문적으로 소금 간을 치는 사람들이 등장했으니 이들을 '간잽이'라고 부른다. 간잽이들은 고등어의 배를 가르고 내장을 꺼낸 후 수차례에 걸쳐 깨끗이 씻은 뒤 소금물에 넣어 염장(鹽藏)을 한다. 이는 살은 물론 뼛속까지 간이 배어들도록 하는 것이다. 이 단계가 끝나면 마른 소금을 치는 건식(乾式) 염장이 이뤄진다. 소금을 얼마나 골고루 뿌려 주느냐에 따라 고등어 맛이 달라질 만큼 이 단계가 매우 중요하다고 한다. 간잽이라고 불리는 소금을 치는 이들은 최소 경력이 20년 이상이다. 대형 마트에서 시판되는 간고등어도 맛있지만 재래시장에서 간잽이들이 생산한 더 신선한 간고등어를 맛보고 싶다면 안동 구시장 어물전을 찾아오는 것도 좋은 방법이다.

05

안동교회

근대 기독교의 역사가 담긴 건물

종교 전래에는 수많은 희생이 따르게 마련이다. 불교가 이 땅에 들어올 때 이차돈의 희생이 있었다. 천주교 전래 시에는 김대건의 순교가 있었다. 하지만 기독교는 개화의 바람을 타고 순조롭게 이 땅에 전래된 듯하다. 그래도 보수적인 안동에서 기독교가 정착하기는 쉽지 않은 일이라 할 수 있다. 그래서인지 안동의 기독교 전래는 상당히 전략적이었다.

1908년 가을, 미국 북장로회 선교사들은 경상북도 안동으로 김병우(金炳宇)를 보내어 '기독서점'이라는 책방을 열게 했다. 김병우는 '매서인(賣書人)'이었다고 한다. 매서인은 기독교 선교 초기 궤짝에 성경책을 짊어지고 방방골골 찾아다니며 보급하던 사람을 말한다. 그는 안동의 서문 밖 대석동에 기독서점을 열었다. 기독서점에는 성경뿐만 아니라 서양의 과학기술 서적들도 팔았다. 신문물에 관심이 있던 안동의 지식인들이 하나둘 기독서점을 찾아왔다. 그렇게 보수적인 안동의 사람들은 자연스럽게 기독교를 접하게 되었다.

1년이 채 지나지 않은 1909년 8월 8일, 교인 7명이 참석한 첫 예배가 열렸는데 '안동교회'는 이날을 교회가 창립된 날로 정했다. 1909년은 대한제국의 사법권 박탈이 이루어진 기유각서가 체결된 해였다. 1905년 대한제국의 외교권이 박탈되었고, 1907년 군대해산이 이루어졌으며, 1909년에는 사법권 박탈이 이루어지면서 대한제국의 국운은 급속도로 기울어 갔다. 안동은 매우 보수적인 도시였지만 빠른 시대 변화에 조금씩 변화하기 시작했다. 안동의 유림들은 신문물과 신사상을 수용하기 시작했고 기독교는 자연스럽게 안동인들의 삶에 파고들었다.

1910년 한일 강제병합으로 대한제국은 일제강점기로 접어들게 된다. 북장로회 선교사들은 서점에 이어 1909년 10월 성소병원을 열고 의료선교도 시작했다. 의사는 아치볼드 그레이 플레처(Archibald G. Fletcher, 1882~1970) 선교사였고, 안동교회 초대 담임은 김영옥 목사였다. 플레처 선교사는

1930년대 대구광역시 동산병원을 이끈 인물이다. 의료봉사를 통해 기독교는 지역사회에서 좋은 평가를 받았고 첫 예배를 드릴 때 7명이었던 교인은 1년 후 70명으로 늘어났다.

교인들이 늘어나자 안동교회는 1913년 안동시 서동문로에 50칸 규모의 함석지붕 예배당을 건립했다. 기독서점의 주인이었던 김병우는 안동교회 장로가 되었다. 안동교회에는 소텔 선교사의 아내인 캐더린 부인이 안동교회에 기증한 풍금이 있었다. 음악에 재능이 있는 한 소년이 캐더린 부인에게 피아노를 배우게 되었다.

"나리나리 개나리~"로 시작하는 동요 〈봄나들이〉의 작곡자 권태호(權泰浩, 1903~1972)는 안동교회에서 성장했다. 9살 때 안동교회에서 처음으로 서양음악을 알게 되었고, 캐더린 부인에게서 피아노를 배운 권태호는 16세 때부터 안동교회 반주자, 성가대 지휘자를 맡았다. 성악가(테너)로도 유명한 권태호는 일본 유학파이면서도 창씨개명을 하지 않은 것으로 유명하다. 일제에게 나라를 빼앗긴 지 9년째 되던 해, 일본의 수탈과 탄압이 지속되자 독립의 열망이 강하게 일어났다.

1919년 3월 1일에 일제의 강압적인 식민지 정책에 항거해 3·1 만세 운동이 시작되었다. 만세운동은 전국으로 퍼져나갔고 안동에서도 그 흐름은 이어졌다. 안동교회 김영옥 목사와 신도들은 3월 13일 안동장날에 거사를 준비했다. 그러나 일본 경찰은 김영옥 목사를 비롯해 안동교회 지도자들을 예비검속으로 유치장에 가두어 버렸다.

3·13 시위는 불발되는 것 같았지만 이상동(李相東)에 의해 불씨가 살아났다. 그는 자전거를 타고 장터를 지나가며 만세시위를 했던 것이다. 이상동은 임시정부 국무령을 지낸 석주 이상룡(石洲 李相龍)의 동생이다.

당시 이상동은 안동교회 교인이 아니었다, 그러나 그의 소식에 안동교회 교인들은 용기를 얻었고 다음 장날인 3월 18일 계명학교 학생을 비롯해 안동교회 교인들이 상당수 참여한 가운데 안동장터 만세시위가 벌어졌다. 만세시위에는 가혹한 처벌이 뒤따랐다. 안동교회 김병우 장로가 징역 2년을 언도받았다. 김익현 · 김명인이 1년 · 김재성 · 김계한 · 이인홍 · 황인규 · 권점필이 6개월 형에 처해 졌다.

그 사이 이상동은 기독교인이 되어 있었다. 감옥 안에서 이상동은 유림 출신 인사들의 마음을 기독교로 돌렸다. 이상동에게 감화받은 이원영 · 이종무 · 이운호 · 이맹호는 기독교인이 되었다. 안동교회는 신앙을 전파하는 교회에 그치지 않고 지역의 목소리를 내는 민간단체의 성격을 지니게 되었다.

교인들이 점점 늘어났기 때문에 작은 교회로는 감당하기

안동교회 안동교회 예배당은 안동지역을 중심으로 한 근대 기독교의 전파 과정을 고스란히 담고 있는 건물로서 의미가 크다.

어려웠다. 결국 안동교회는 1920년대 후반부터 예배당 신축 준비에 들어갔다. 새 예배당은 1937년 완공되었다. 1만 개가 넘는 화강암을 쌓아 지은 2층 석조 예배당이다. 기반이 무른 땅이어서 생소나무를 박아 넣어 기초를 다진 뒤에 10㎞ 떨어진 곳에서 화강암을 날라 와 쌓았다. 설계자는 이화여대 파이퍼홀과 강원도 철원의 철원제일교회 등을 지은 당대의 유명한 건축가 윌리엄 보리스(William M. Vories, 1880~1964)였다. 특이한 것은 종탑을 따로 세우지 않고, 예배당 출입문 위에 커다란 삼각형 형태로 돌을 쌓고 그 위에 십자가를 올렸다.

이 무렵 안동교회는 일제를 상대로 목소리를 낼 수 있는 단체가 되어 있었다. 1930년대 후반 김영옥 목사 재임 시에는 신사참배도 하지 않고, 조선총독부가 교회 내에 설치하라고 강요한 신사위패도 두지 않았다. 하지만 일제의 강압에 수난을 면치 못했다. 1940년대 대동아전쟁 때는 일본 육군이 안동교회 예배당을 징발해 사용했고, 해방 후 한국전쟁 때는 인민군의 야전병원이 되기도 했다. 예배당 전면의 철제 난간에는 전쟁의 상흔인 총탄 자국이 남아 있다고 한다.

안동교회 예배당은 1937년 완공된 이래로 역사의 수난을 오롯이 받아 왔다. 그러나 1959년 증축 때도 원형을 잃지 않았고, 현재도 안동교회의 예배당으로 쓰이고 있다.

임청각 임청각은 임시정부 시절 국무령을 지낸 석주 이상룡을 비롯해 11명의 독립운동가를 배출한 독립운동가의 산실이다.

06

임청각

독립운동가의 산실

안동댐으로 가다 보면 영남산 동편에 큰 기와집이 나타난다. 대한민국 임시정부 초대 국무령을 지낸 석주 이상룡이 살았던 임청각(臨淸閣)이다. 임청각은 1519년(중종 14)에 형조좌랑 이명(李洺)이 건립한 별당형 정자로 안동부 동편 영남산(映南山) 기슭에 지은 집이다. 『영가지』를 보면 성종 때까지도 법흥사가 3칸 정도 남아 있었다고 하고, 전탑의 상륜 구리탑을 녹여 집 지을 때 이용했다는 기록이 있다. 본래 그곳에는 고려 법흥사의 부속 건물들이 많았는데 쇠락하여 본래의 모습이 사라진 것이다. 이명은 이곳에 자리를 잡고 일부 건물은 새로 짓고 일부 건물은 옛 불사를 수리해 99칸 저택으로 완성했다.

고성이씨 이명이 지은 집

영남산을 등지고 낙동강을 마주 보는 전형적인 배산임수의 임청각은 용(用)자가 가로 누운 평면 구성으로 남녀와 계층별로 공간을 구분해 위계질서가 분명한 영남의 건축 정서를 담고 있다. 건축에 위계질서가 있다는 것은 지위가 높은 건물이 더 높이 있다는 뜻이다. 일반적으로 사당이 제일 높은 자리에 위치하고 그다음 높은 순서로 건축물을 앉힌다. 임청각도 사당이 제일 높은 자리에 있다. 사랑은 바깥주인이 거처하는 곳으로 사람을 만나 응대하는 곳이므로 바깥에 위치한다. 안채는 여인들이 거처하는 곳이어서 은밀하고 깊숙한 곳에 있다. 하지만 안채는 바깥 풍경을 끌어와서 보기보다 답답하지 않다. 조선시대 만들어진 건축물은 대부분 이러한 구조로 지었다.

사랑채이자 집안의 중심이 되는 임청각(臨淸閣)은 군자정(君子亭)이라고도 하는데 도연명의 귀거래사(歸去來辭)의 한 구절에서 따왔다. 도연명(陶淵明, 365~427)은 동진(東晉)시대 사람으로 중국 강서성(江西省) 심양(尋陽) 출신이다. 어릴 적 아버지를 잃고 밭 갈며 글공부를 했으나 생활이 어려워 지방의 하급 관리를 시작으로 각지를 전전하며 10여 년간 관료 생활을 했다. 그러나 부패한 관직 생활에 염증을 느끼고, 고향 인근 심양에서의 벼슬을 마지막으로 고향집으로 돌아와 유명한 귀거래사를 남겼다.

이명은 성종조에 벼슬길에 올라 연산군의 광기 어린 정치의 희생자가 되었다. 중종반정으로 복직되었지만 관직 생활에 대한 염증이 컸을 것이다. 그가 형인 이굉(귀래정을 지음)과 함께 고향으로 돌아와 임청각을 만든 것은 오랜 정치 생활의 염증을 보여주는 예시이다. 임청각 현판은 이명처럼 벼슬에서 물러나 도산서당에서 후학을 가르치던 퇴계 이황이 썼다.

일반적으로 건축물의 이름을 지을 때는 여러 가지 접미사가 붙는다. 궁전이나 불사같이 절대자나 높은 사람이 있는 곳에는 전(殿)을 쓰고, 그보다 낮은 지방관리가 사는 집이나 커다란 규모의 집은 헌(軒)을 쓴다. 일반 가정집의 경우에는 집안의 위세나 벼슬, 집의 규모에 따라 당(堂)이나 재(齋)를 쓰지만 각(閣)을 쓰는 경우는 흔하지 않다. 각(閣)은 영의정처럼 높은 신분의 사람이거나 궁전보나 낮은 거대한 규모의 집에서 사용하기 때문이다. 필자의 생각은 처음에 임청각의 규모가 보기 드물게 거대했기 때문에 '각'을 붙인 것이 아닐까 싶다.

독립운동가의 산실

임청각은 임시정부 시절 국무령을 지낸 석주 이상룡을 비롯해 11명의 독립운동가를 배출한 독립운동가의 산실이기도 하다. 석주 이상룡은 1858년 11월 임청각에서 태어났다. 3남 3녀의 장남이었다. 유학의 본향이라 할 수 있는 안동의 종손가 집안이 그렇듯 이상룡도 어려서 한학을 배웠고 14세가 되던 해에 내앞(川前) 마을의 명문가인 학봉김씨 집안의 여식 김우락과 혼인을 올리게 된다. 이후 이상룡은 퇴계 학맥의 거두인 서산 김흥락으로부터 정통 유학을 배우며 성장한다. 이 무렵, 조선은 외세의 침입에 서서히 기울어지고 있었다. 강대국의 식민지 정책에 의해 약소국인 조선은 외세의 먹잇감으로 전락한 상황이었다. 영국 · 일본 · 러시아 · 프랑스 · 미국 등이 조선을 침탈하기 위해 각축전을 벌이고 있었다.

1895년 8월, 명성황후가 일본의 자객에 의해 살해당하면서 의병이 일어나자 이상룡도 가야산에서 의병에 참가했다. 고종의 해산 권고 조칙 이후에 이상룡은 구식무기로 일제의 신식무기를 당해낼 수 없다는 것을 확인하게 되었다. 그 후로 이상룡은 서구의 사상을 공부하며 세상을 넓게 바라보기 시작한다. 하지만 1904년 러일전쟁에서 승리한 일본은 제1차 한일협약을 체결해 대한제국의 재정과 외교 실권을 박탈했다.

이듬해 대한제국은 억지로 맺은 조약인 을사늑약을 체결하는 지경에 이른다.

이상룡은 이 무렵 교육의 역할을 중시하는 애국계몽운동으로 방향을 전환해 협동학교를 설립하고 대한협회 안동지회를 창설해 시국 강연 등을 벌인다. 이때 이상룡은 국가의 주인이 국민이며, 국민이 국가를 운영하는 민주공화국 제도에 관해 설파하다가 일본 경찰에 잡혀 가는 곤경을 겪게 된다. 그것은 정통 유학을 배운 유서 깊은 종손이 생각할 수 없는 파격적인 행보였다. 봉건주의를 탈피한다는 것은 유학의 이념과는 배치되는 사상이었기 때문이다.

이상룡이 53세 되던 1910년, 한일병합 조약이 체결되면서 조선은 일본에 편입되게 되었다. 향산 이만도 같은 정통 유림들이 단식 순국을 택했던 것과는 반대로 이상룡은 일제에의 저항을 선택한다. 이듬해 1월, 이상룡은 일가족을 이끌고 서간도로 망명한다. 당시에 이상룡이 조상의 위패를 땅에 묻고 노비들을 해방시킨 것은 봉건주의에서 벗어난 민주공화사상의 신념을 보여준 일례라고 할 수 있다.

나라를 떠나면서

이상룡은 가솔을 이끌고 고향 안동을 떠나며 '거국령(去國吟)'

이라는 시를 남긴다.

나라를 떠나면서

더 없이 소중한 삼천리 우리 강산 / 선비의 의관 예의 오백년 지켜왔네 / 그 무슨 문명이 노회한 적 불러들여 / 꿈결에 느닷없이 온전한 나라 깨뜨리나 / 이 땅에 적의 그물 처진 것을 보았으니 / 어찌 대장부가 제 한 몸을 아끼랴 / 잘 있거라 고향 동산 슬퍼하지 말아라 / 태평한 그날이 오면 돌아와 머물리라

그해 봄, 남만주(서간도) 유하현(柳河縣) 삼원보(三源堡) 추가가(鄒家街) 대고산(大孤山)에서 300여 명의 이주 한인들은 대규모 노천 군중대회를 연다. 이곳에서 이상룡과 김대락, 이회영, 이동녕, 장유순, 주진수 등의 신민회 인사들은 서간도 지역 최초의 한인사회 자치기구인 경학사(耕學社)와 신흥무관학교(新興武官學校)의 모태인 신흥강습소를 설립하며 자주독립의 꿈과 희망에 첫발을 떼었다. 경학사는 농업을 장려해 생계의 방도를 세우고, 학교를 설립해 주경야독(晝耕夜讀)의 신념을 고취한다는 두 가지 의미를 담고 있다. 신흥무관학교는 이

듬해 1912년 통화현 합니하로 옮겨 가게 된다. 삼원포에서 남쪽으로 90리가량 떨어진 곳이다.

무관학교에는 병영사가 세워졌으며 18개의 교실이 산허리를 따라 줄지어 있었다고 한다. 학년별로 널찍한 강당과 교무실이 마련되었고, 내무반 안에는 사무실 · 숙직실 · 편집실 · 나팔반 · 식당 · 취사장 · 비품실 등이 갖추어져서 일정한 군사훈련과 중등교육과정을 가르칠 수 있는 교육기관을 갖추게 되었다.

새벽 6시부터 시작된 일과는 저녁 9시가 되어야 끝이 났다고 한다. 식사는 중국인들이 사료로도 쓰지 않는 썩은 조밥 한 덩이와 콩기름에 절인 콩장 두어 개가 전부였다. 군사훈련과 더불어 개간과 영농까지 겸해야 하는 힘든 생활이었다.

겨울에는 허리까지 차는 눈을 헤치고 땔감을 마련했다. 독립과 자유를 쟁취하기 위해 신흥무관학교 학생들은 고난과 고통을 감내했던 것이다. 그러나 1912~1913년에 걸친 흉작은 서간도에서의 초기 활동에 운영난을 초래했다.

이듬해인 1913년 6월, 석주 선생의 아들 준형이 다시 고향으로 돌아온다. 400년 종택인 임청각과 그 대지 및 인근 산판을 방매하기 위해 귀향한 것이다. 고성이씨 문중에서 이를 반대하다가 500원을 만들어 주었다. 하지만 이준형은 끝내 가옥과 토지를 팔고 다시 서간도로 돌아갔다. 이때 작성된 문서가 바로 '임청각 매매증서'이다. 이상룡의 초명인 '이상희'란 이름으로 된 매매증서이다. 그 돈이 어디에 쓰였는지 기록은 남아 있지 않지만 조선의 독립을 위한 군자금이 되었음을 우리는 짐작할 수 있다.

이상룡은 일제에 대항하기 위해 만주에 군사 기구인 서로군정서를 설립했다. 하지만 상하이에 대한민국 임시정부가 설치되자 한 민족이 두 개의 정부를 가질 수 없다며 서로군정서 책임자로서 서간도 일대의 독립운동 단체를 통합해 통군부를 수립했다. 이 무렵 상해에 세워진 대한민국 임시정부에 문제가 발생하게 된다.

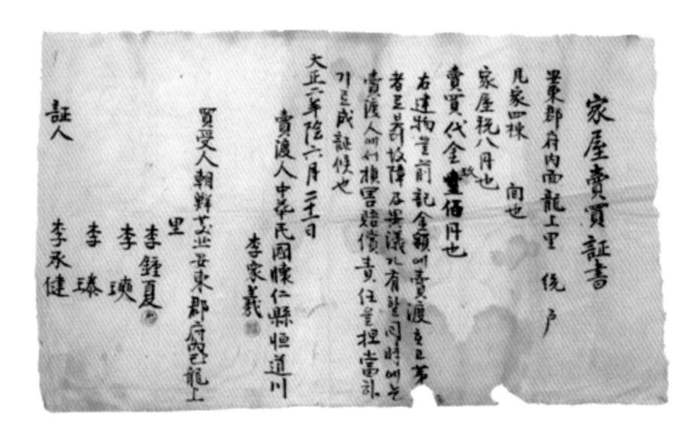

家屋賣買證書

安東郡府內面龍上里 統 戶

凡家四棟 間也

家屋稅八円也

賣買代金壹佰円也

右建物을前記金額에賣渡하고萬

者로異日故障及異議가有할時에는

賣渡人에서損害賠償責任을擔當하

기로成證候也

大正六年陰六月二十日

賣渡人 中華民國懷仁縣恒道川 李家義

買受人 朝鮮慶尙北道安東郡府內面龍上里 李鍾夏

證人 李瓛 李璘 李永健

임청각 매매증서 400년 종택인 임청각을 판 돈은 조선의 독립을 위한 군자금으로 쓰였을 것이다.

이상룡 대한민국 임시정부 초대 국무령을 역임했다. 안동 명문가에서 태어나 의병운동, 애국계몽운동에 투신하다가 한일합병 조약이 체결되자 가족을 이끌고 서간도로 망명, 경학사와 신흥강습소를 시작으로 만주 지역 무장독립운동에 매진했다.

1919년 이승만이 미국 우드로 윌슨 대통령에게 위임통치를 해 달라는 청원서를 보낸 것이다. 이승만의 위임통치는 반대에 부딪히게 되었고 결국 임시의정원은 이승만을 탄핵하게 된다. 이에 2대 대통령이 된 백암 박은식이 대통령제를 내각제의 일종인 국무령제로 바꾼 후 전 국무위원들의 만장일치로 초대 국무령에 이상룡을 추대하게 된다.

1925년 9월 24일 상해 삼일당에서 이상룡은 대한민국 임시정부의 첫 국무령이자 제3대 수반으로 추대되었다. 이상룡의 나이 70세가 되던 해다. 하지만 임시정부 내부의 갈등이 계속되고 내각을 조직할 만한 세력을 모으지 못하자 1926년

1월 임시정부 수반직을 사임하고 다시 만주로 돌아오게 된다. 석주 이상룡이 만주로 돌아간 후, 홍진(洪震)이 그 뒤를 이었으나 역시 내각 조직에 실패해 임시정부는 한동안 무정부 상태에 빠지게 된다.

1931년 만주사변이 일어나자 만주 일대의 독립운동가들뿐만 아니라 조선인들도 수난을 당하게 되었다. 중국인들은 조선이 일본을 끌어들여서 전쟁이 났다고 탓하고, 전쟁에 참여한 중국 군인들과 마적들의 약탈도 심해졌다. 만주의 조선 백성들은 삼중고에 빠지게 되었다. 결국 조선인들은 일본인과 중국인들을 피해 북쪽으로 이동하게 되었고 러시아의 한인들은 그렇게 생겨났다. 석주 선생님의 가족은 인가가 드문 곳으로 자꾸만 숨어들게 되었다. 허은 여사의 회고록에 따르면 소과전자촌은 과거 숯 굽던 사람들이 버리고 간 집이 있는 곳이었다. 석주 선생의 부인인 김우락 여사는 발에 습종이 나서 한 달 이상 거동하지 못했다고 한다. 석주 어르신은 논 옆에 있는 못에 낚싯대를 가지고 나가 온종일 있다 어두워져야 돌아오셨다고 했다. 희망이 사라져 버린 거인의 초상이 바로 이와 같았을 것이다.

"나 죽은 후라도 한국 땅이 되기 전에는 유해를 고향으로 가져가지 말라. 어느 때라도 광복이 되거든 유지에나마 싸서 고향 발치에 묻어라."

1911년 독립의 희망을 품고 찾아온 이역만리에서 20년의 노력이 결실을 맺지 못한 허무함과 절망감이 묻어나는 유언이다.

대를 이은 독립정신

평생을 독립운동에 투신한 이상룡이 죽은 후, 남은 가족들은 고향으로 돌아오게 되었다. 하지만 이때 그들에게는 '후테이센진(ふていせんじん, 不逞鮮人, 불령선인: 일제강점기 식민지통치에 반대하는 조선인을 불온하고 불량한 인물로 비하한 표현)'이라는 꼬리표가 붙게 되었다. 임청각은 이른바 '불량한 조선인'이 다수 출생한 집이라고 핍박당한다.

이 무렵, 일제는 안동에 철도를 연결하면서 굳이 노선을 꺾어 임청각 경내를 가로지르도록 했다. 임청각은 철도공사의 집무실과 숙소로 쓰였으며 나머지 반은 공사를 핑계로 반이 잘려 나갔다. 이상룡의 아들 이준형은 분을 참지 못하고 목을 그어 자결한다. 아직도 그의 선혈이 묻은 유서가 임청각에 남아 있다.

1930년에 시작되어 1940~1941년 개통된 현재의 중앙선은 50여 칸의 임청각 행랑채와 부속 건물을 철거해 가면서 임청각 앞을 가로막고 건설되었다. 하지만 임청각을 가로지른 중앙선 철길은 2021년 8월, 해방 후 76년 만에 완전히 제거되었다. 80여 년 동안 임청각을 지나가던 부당한 굴레가 벗겨진 것이다.

정부에서 임청각의 복원 공사를 제안했지만 임청각 종손은 임청각을 복원하지 않고 그 땅을 시민들의 휴식 공간으로 제공하여 선조의 유지를 받들고자 한다고 사양했다. 철길이 있던 자리는 현재 종손의 뜻대로 공원 공사가 진행 중이며 임청각은 관광과 역사교육의 장으로 활용되고 있다.

오페라 〈금지옥엽〉의 무대가 된 임청각 임청각은 독립운동가의 산실일 뿐만 아니라 흥미로운 이야기를 품고 있는 집이기도 하다. 바로 1519년 임청각을 지은 이명의 손녀이자 함재 서해의 아내인 고성이씨 부인의 비범한 인생 이야기다. 한양 약현동에서 약식과 약밥을 처음으로 만들어 집안을 일으키고 아들 서성을 훌륭하게 키워 낸 그녀의 이야기는 오페라 〈금지옥엽〉으로 만들어져 인기리에 공연되고 있다.

······ **더 보기 :**

오페라 〈금지옥엽〉의 무대 · 일제도 꺾지 못한 자존심

임청각을 지은 이명은 오복(五福)이 있는 사람이라고 부러움을 샀다. 하지만 그에게 근심 하나가 있었다. 다섯째 아들 이고(李股)가 요절한 후 홀로 된 손녀였다. 그 소녀는 어려서 열병을 앓아 눈이 멀었다고 한다. 엎친 데 덮친 격으로 어머니까지 일찍 여의고 홀로 되어 임청각에 의탁해 살았다. 혼기가 찬 손녀를 걱정하던 이명은 퇴계 이황에게 좋은 사윗감을 부탁하게 되고 퇴계 이황은 제자인 함재(涵齋) 서해(徐嶰, 1537~1559)를 추천하게 된다. 심부름을 왔던 서해는 우연히 손녀를 만나게 되고 둘은 호감을 가지게 된다. 그런 인연으로 이고의 여식은 함재 서해와 결혼하게 된다.

결혼을 한 두 사람은 소호헌(蘇湖軒)에서 살게 되었다. 소호헌은 이고가 분가하면서 지은 집인데 결혼과 함께 서해가 주인이 된 것이다. 결혼 후, 두 사람 사이에 아이가 생겼다. 사내아이였고 이름은 서성(徐渻)이라고 지었다. 행복은 영원할 것 같았지만 불행은 항상 행복을 비집고 들어오는 법이다. 혼인한 지 3년 만에 남편인 서해가 23세의 나이에 요절하게 된다. 고성이씨 부인은 2살 된 아들의 장래를 생각하여 가산을 정리해 서울로 거처를 옮기게 된다. 고성이씨 부인이 서울에서 정착한 곳은 약현(藥峴)이었다. 이곳에 서해의 형인 서엄이 살고 있었던 것이다.

부인은 서엄에게 의탁하며 살았는데 살림이 어려워지자 친정에서 가져온 약간의 자금으로 남녀 하인과 함께 청주(淸酒)를 빚고, 유밀과(油密果)와 찰밥, 강정, 다식 등을 만들어 팔았다. 손재주가 좋았던 고성이씨 부인이 만든 음식은 맛이 뛰어났고, 맛집이라고 소문이 퍼지자 장안의 사람들이 고성이씨가 만든 술과 과자 및 찰밥을 다투어 사갔다고 한다. 당시 부인의 집에서 만든 청주를 약주(藥酒)라고 했고, 찹쌀로 만든 밥을 약밥(약식, 藥食), 유밀과(油密果)를 약과(藥果)라 불렀는데, 이것은 약현이란 지명에서 가져온 것이다. 서성이 관례를 치르고 호를 약봉이라 한 것도 약현의 지명을 딴 것이다.

부인은 가정경제를 꾸려가면서도 아들 교육에도 조금도 소홀히 하지 않았다. 아들 서성은 서울로 이사 와서 10여 년을 큰아버지인 서엄에게 학문을 배우다가, 성장한 뒤에는 귀봉 송익필의 문하에서 수학했다. 그때부터 서성은 김장생, 심지원 등과 교우하게 되었고 그의 문장과 학식도 크게 발전해 20세에는 율곡 이이, 우계 성혼 등 당시 이름 높은 선비들의 사랑을 받게 되었다. 그 뒤 서성은 선조 19년(1586) 문과에 급제한 후, 조정의 요직을 두루 거치다가 영의정에 추증되었다. 약봉 서성의 후손들은 그 후로 조정의 큰 인물들을 많이 배출했고 조선조 3대 명문가의 반열에 오르게 된다. 앞이 보이지 않는 장애를 가지고도 약봉을 훌륭히 키워낸 고성이씨 부인은 사후에 정경부인에 추증되었다.

소호헌은 고성이씨 부인과 서해가 사랑의 결실을 거둔 곳이다. 소호헌에는 약봉태실이 있는데 약봉 서성이 태어난 방이다. 임청각이 배경이 되는 이고의 여식과 서해의 아름다운 사랑 이야기는 오페라 〈금지옥엽〉에서 다루고 있으며, 소호헌이 배경이 되는 고성이씨 부인과 아들 서성의 이야기는 오페라 〈금옥만당〉에서 다루고 있다. 아직 못 보셨다면 꼭 보시기 바란다.

일제도 꺾지 못한 귀신 붙은 회나무

일제가 임청각을 반이나 허물어 철로를 냈지만 하지 못한 일도 있다. 임청각 앞에 수백 년 묵은 커다란 회나무 한 그루가 있었는데 서슬 퍼런 일제도 그 나무를 베지 못했다. 귀신 붙은 나무를 건드리면 큰 화를 입는다는 소문 때문이었다.

민간에서 전해 오는 내력에 의하면 군자정에서 과거 공부를 하던 젊은 선비가 회나무 두 그루를 심고 열심히 공들여 가꾸었다고 한다. 수년 간 애써 공부하던 선비는 과거에 응시하기 위해 한양으로 떠나면서 나무에 술잔을 치고 정성스럽게 작별 인사와 함께 등과를 빌었다. 그러고 난 뒤 한양에 올라가 급제한 선비는 회나무를 찾아와 등과를 알리며 청홍천을 둘러 주었다. 그 뒤, 이 선비는 안동에 오면 군자정을 찾았고 이 회나무에 정성을 올렸는데 세월이 흐르면서 이곳 주민들도 마을을 지켜주는 동신목(洞神木)으로 삼고 해마다 정월 보름 자정이면 제사를 지내게 되었다. 동신목이 된 회나무는 수많은 세월 동안 마을의 수호 신목으로 군자정 뜰을 지키고 있었는데, 일제 때 중앙선 철도를 가설하는 일본인이 한 그루를 베어 내고 즉사했다고 전한다. 결국 일본인들은 하나 남은 회나무를 베지 못하고 그대로 놓아 두었다.

이 사건은 일본의 통치하에서 시달리던 안동 사람들에게 통쾌하고 신나는 일이 아닐 수 없었다. 한민족을 대신해서 일본인을 징벌한 회나무는 안동을 수호하는 동신목으로 더욱 신봉됐고 이 지방 무속인들의 단골 기도처가 되기도 했다.

일제가 패망한 후에도 그 믿음은 변함없었다. 1973년 안동댐 건설 시 진입로를 개설하면서도 귀신 붙은 나무에 겁을 먹고 아무도 손을 대려고 하지 않아 잘라 내지 못하고 강 쪽으로 길을 넓혀 도로 한가운데 남겨졌었다. 당시 나무를 베어 내라는 당국의 지시로 삼부토건회사는 10만 원의 상금을 내걸고 나무를 벨 사람을 찾았으나 허사였다고 한다. 그래서 회나무는 오랜 기간 도로 가운데서 당당하게 위세를 뽐내었다. 하지만 2008년 여름, 하룻밤 사이에 온데간데없이 이 회나무가 사라졌다. 이 사건으로 안동 시민들의 놀라움은 매우 컸다. 안동시와 경찰이 나서 진상을 파악한 결과, 교통사고로 이 나무에 부딪혀 죽은 사람의 동생이 저지른 것으로 알려지면서 회나무는 세상에서 사라지게 되었다.

07

안동댐 이전과 이후

국가경제와 지역발전의 원동력

안동댐은 박정희 대통령 시절인 1971년에 착공해 1976년에 준공한 우리나라 최초의 양수(揚水) 겸용 발전소이다. 댐의 길이는 612m, 높이 83m, 총저수량은 12억 4,800만t, 발전용량 9만kw다. 이 댐은 낙동강 하류의 홍수조절과 농업, 공업용수 및 생활용수 목적으로 건설된 다목적댐이다. 수력 발전소에서는 연간 1억 5,800만㎾h의 청정 수력 에너지를 생산해 경상북도 북부지역에 공급하고 있다.

안동댐으로 조성된 한국 유수의 인공호 중 하나인 안동호(安東湖)는 와룡면 · 도산면 · 예안면 · 임동면 등에 걸쳐 저수지 면적이 51.5㎢에 달한다. 안동댐 정상에는 수려한 경관과 함

안동댐 안동댐의 건설로 인해 아무것도 없었던 안동댐 일대에는 많은 관광시설이 들어서게 되었다.

께 선착장이 있어 유람선 이용이 가능하며, 댐 주위는 낚시터로도 유명하다. 근래에는 베스 낚시로 전국 단위 대회가 자주 열리는데 베스를 잡기 위해 보트 수십 대가 물결을 가르며 달려가는 광경은 장관이다. 안동댐은 1960년 제1차 경제개발계획을 달성하기 위한 필수적인 기초 자원으로서 수자원의 중요성이 대두되면서 만들어진 다목적댐이다. 이전까지는 생활용수, 공업용수 및 농업용수의 확보 또는 수력발전 등 특정 목적에 부응하는 각종 단일목적댐을 건설해 왔으나 한정된 수자원을 효율적으로 활용하기 위해 치수 · 이수 목적을 조화시킨 다목적댐을 건설하게 된 것이다.

안동댐의 건설로 인해 아무것도 없었던 안동댐 일대에는 많은 관광시설이 들어서게 되었다. 안동댐의 아래편에 보조댐이 들어섰고 그곳에 월영공원이 생겼다. 맞은편에는 안동민속촌이 만들어졌다. 월영교, 낙강물길공원, 호반나들이길이 차례로 생겨났다. 유동인구가 증가하면 상권도 활성화되는 법이라서 월영공원 주변에는 식당과 커피숍 등의 상가가 줄지어 늘어서 있는데 안동의 헛제사밥이나 간고등어를 전문으로 하는 식당들이 많다. 헛제사밥 역시 안동의 대표 음식 중 하나인데 안동의 제사 음식을 메뉴로 한 식단이다. 제사를 지내지 않은 음식이기 때문에 헛제사밥이라는 이름이 붙은 것이다. 안동지역의 제사 음식을 알고 싶다면 헛제사밥을 먹어보는 것도 좋다. 붉은빛이 나는 안동식혜와 건진국수도 먹어 보라. 안동의 맛이다.

월영교와 안동민속촌

달빛이 비치는 다리. 월영교(月映橋)는 안동댐 보조댐 동편 민속촌과 서편 헬기장을 잇는 목조다리다. 안동시가 36억을 들여 2003년 완성한 월영교는 길이가 387m로 우리나라에서 나

월영교 월영교는 안동댐 보조댐 동편 민속촌과 서편 헬기장을 잇는 목조다리다. 우리나라에서 나무로 만든 가장 긴 인도교이다.

무로 만든 가장 긴 인도교이다. 월영교 중간에는 팔각정자인 월영정이 있어 잠시 쉬어갈 수가 있는데 여름이면 다리에서 분수쇼가 열려서 시원한 광경이 연출된다. 필자가 기억하는 안동의 대표 소풍 장소는 안동댐 헬기장과 무주무, 그리고 백운정이다. 안동의 동편에 위치한 학교는 대부분 안동댐으로 소풍을 왔고, 서편에 위치한 학교는 무주무로 갔다. 백운정은 11번 버스를 타고 중 · 고등학교 때 단골로 가던 소풍지였다. 초등학교 소풍의 기억을 간직하고 있는 월영공원과 안동민속촌은 과거 안동 사람들의 휴식처였다. 월영교가 없었을 때는 월영공원보다 안동민속촌이 인기가 좋았다. 볼거리가 있었기 때문이다.

2003년, 월영공원과 안동민속촌을 이어 주는 월영교가 생기면서 전국적으로 관광객들이 찾아왔는데 2016년에는 안동댐 아래 낙강물길공원이 조성되고, 최근에 보조댐을 두르는 둘레길인 호반나들이길이 생기면서 안동댐 일대는 더욱 활기를 띠게 되었다. 월영교를 지나면 안동민속촌이 나타난다. 이곳에는 안동댐을 건설하면서 수몰의 위기를 맞게 된 고택들과 유적들을 가져다 놓았는데 안동관아의 객사 건물, 석빙고, 까치구멍집 등 경북 북부의 특이한 주택들을 구경할 수 있다. 그 중에 산기슭에 있는 안동 석빙고는 1976년 도산면 서부리에 있던 것을 현 위치에 이전해 놓은 것이다.

안동 석빙고

옛날 안동 예안에는 은어가 많이 났던 모양이다. 하지만 은어가 귀한 해에는 관에서 은어잡이를 금하게 할 정도였다고 한다. 은어가 많이 날 때는 진상에 문제가 없지만 은어가 나지 않으면 관에서는 다른 지역의 은어를 사와야 했다. 진상하지 않으면 문책을 당했다. 공납의 폐단은 이곳에도 적지 않았다. 예안 현감들은 그러한 문제에 골머리를 썩은 듯하다. 하지만 궁하면 통한다는 옛말처럼 이 문제를 해결할 사람이 혜성처럼 나타났다.

예안현 읍지인『선성지(宣城誌)』에는 조선 영조 때 이매신(李梅臣)이 현감(縣監)으로 부임해 3년 동안 재임하던 중 녹봉을 털어 석빙고를 지었다고 기록되어 있다. 석빙고는 산기슭에 위치해 남북으로 길게 축조했고 입구를 북쪽 옆으로 가설했다고 한다. 봉토(封土)도 완전해 겉으로 보기에는 커다란 고분 같았다고 한다. 안으로 계단이 있고 중앙에 물이 강으로 흐르도록 만든 배수로가 있다. 네 개의 홍예(虹霓)를 세워 천장을 지탱해 주고 있으며 천장 곳곳에는 환기 구멍이 있다. 과거에는 겨울이 되어 물이 얼면 얼음을 잘라서 석빙고에 가둬

석빙고 안동에는 은어가 많이 나서 왕실 진상품이었는데 수급이 문제였다. 조선 영조 때 현감으로 부임한 이매신이 녹봉을 털어 석빙고를 지었다고 한다. 과거에는 겨울이 되어 물이 얼면 얼음을 잘라서 석빙고에 가둬 놓았다. 천연 냉장고인 셈이다. 석빙고 덕분에 안동에서는 장빙행사가 매년 열린다. 현재는 안동댐으로 인한 수몰을 피해 안동민속촌의 산기슭에 옮겨 놓았다.

놓았다. 석빙고는 지금의 냉장고와 같은 역할을 했던 것이다. 은어를 신선하게 보관할 장소가 생겼으므로 은어 수급을 걱정하지 않아도 되었다. 석빙고는 진상의 폐단을 없애기 위한 수령의 지혜가 만들어 낸 문화유산이다.

조선시대 영조 13년(1737)에 축조한 이 석빙고는 원래 안동시 예안면(禮安面)에서 낙동강 상류를 따라 개설된 청량산행 도로에서 1.2㎞ 정도 떨어진 산기슭에 있었다. 수몰로 인해 석빙고는 안동민속촌의 산기슭에 옮겨 놓았는데 과거처럼 냉장고의 기능은 없어진 것 같다. 온전하게 복원한 것이 아니라 이전에만 의의를 둔 것이 아닐까 싶다. 석빙고 덕분에 안동에는 장빙 행사가 매년 열리는데 댐이 생기기 전에 안동과 예안 일대에 은어가 많았다는 것을 반증하는 건축물이기도 하다.

안동민속촌에는 이 밖에도 이육사의 시비와 열녀비 등이 곳곳에 있어서 많은 볼거리를 안겨 주기도 한다. 하지만 안동에 대해서 더 알고 싶다면 안동시립민속박물관을 찾아볼 것을 추천한다. 안동민속촌 입구에 있는 안동민속박물관은 안동의 민속에 관한 것들을 전시 설명하고 있어서 안동에 문외한인 사람들에게 도움이 된다. 민속박물관 주차장 앞에는 개목나루가 있어 배타기를 즐길 수도 있다.

안동문화관광단지

안동시립민속박물관에서 안동댐 본댐 방향으로 난 도로(석주로)를 따라 올라가면 안동문화관광단지가 나타난다. 안동댐 정상 부분에는 세계물포럼 기념센터가 있다. 과거에는 없었는데 몇 해 전 두 개의 수문을 추가로 만들면서 간이휴게소를 철거하고 터를 넓혀 새롭게 만들었다. 2015년에 개관한 세계물포럼 기념센터는 물과 관련된 조형물들과 실내외 공연장이 있어서 사시사철 전시나 공연 행사가 이루어져서 다양한 볼거리를 제공하고 있다.

물포럼 기념센터에서 도로를 따라 올라가면 두 갈래 길이 나오는데 직진으로 가면 석동 선착장이 나온다. 선착장 오른편에는 세트장을 조성해서 영화나 드라마 촬영지로 쓰인다. 〈광해〉, 〈궁합〉 등 여러 영화나 드라마에서 배를 타거나 이별을 하는 포구로 자주 등장한다. 세트장에서 다시 돌아와 두 갈래길에서 오른편으로 들어가면 안동문화관광단지가 나타난다. 이곳은 안동댐 주변의 황무지를 관광자원으로 개발하기 위해 관광공사에서 조성한 공간인데 호텔 같은 숙박시설과 카페 · 음식점 · 골프장 · 공연장 · 식물원 등이 들어서 있다. 과거에는 낙동강 변에 있는 건물에서 결혼식을 많이 했지만 최근에는 이곳에 새로 들어선 호텔에서 결혼식 같은 행사가 많아졌다.

관광객을 유치할 목적으로 조성된 공간이지만 규모가 넓어서 빈 공간이 많다. 시에서는 꽃을 심어 보완하고 있지만 황량한 느낌이 들기도 한다. 개인적으로 안동문화관광단지에서 볼 만한 공간은 유교랜드이다. 멀리서 보면 마징가제트의 상층 머리 부분으로 보이는 은빛 건물이 유교랜드 건물이다. 2013년 개관한 유교랜드는 국내 최초로 유교 문화를 체험할 수 있는 테마파크형 놀이시설이다. 자칫 고리타분할 것 같은 유교 문화를 전 세대가 함께 어울려 즐기면서 배울 수 있는 교육과 놀이 시설 공간이다. 유교랜드 내부에는 다양한 놀이시설들이 아이들을 유혹하고 있다. 1층 공연장에는 갖가지 문화 공연도 이뤄지고 있어서 가족 단위로 놀러 온 관광객이라면 아이들과 함께 구경해 보는 것도 나쁘지 않을 것 같다.

비밀의 숲

안동문화관광단지를 구경하고 나오면서 봐야 할 곳은 비밀의 숲이다. 이곳의 정식 명칭은 낙강물길공원이다. 민속촌 앞에 있는 다리를 건너 오른편으로 직진해 쭉 가면 나오는 공원이다. 과거에는 수자원공사 직원들 외에는 들어갈 수 없는 곳이었는데 2016년 공원으로 조성해서 많은 사람이 찾아가고 있

낙강물길공원 높이 자란 메타세쿼이아 나무 뒤로 들어가면 아름다운 자연이 손짓하며 반기고 있다.

다. 낙강물길공원이 비밀의 숲이라는 명칭이 붙은 이유가 있다. 길에서 보기에는 아무것도 없어 보이기 때문이다.

하지만 차를 세우고 높이 자란 메타세쿼이아 나무 뒤로 들어가면 아름다운 자연이 손짓하며 반기고 있다. 숨겨진 숲의 아름다움을 구경하고 싶다면 비밀의 숲에서 쉬어 가는 것도 괜찮을 것 같다. 비밀의 숲을 구경한 후, 배가 출출하면 동학골을 추천한다. 동학골은 낙강물길공원에서 멀지 않은 북쪽 골짜기에 있는 매운탕 식당골을 말한다. 방금 지은 돌솥밥과 얼큰한 메기매운탕이 생각난다면 동학골이 제격이다.

08

군자마을

광산김씨 집성촌

와룡면을 지나 도산서원을 향해 5분 정도 가다 보면 오른편 언덕에 즐비한 고택들을 발견할 수 있다. 그곳을 오천리 군자마을이라고 부르는데 조선 초 농수(聾叟) 김효로(金孝盧)가 입향한 이래 600년을 세거한 광산김씨 유적지이다. 김효로는 성종 11년(1480) 생원시에 합격했으나 벼슬에 뜻이 없어 성종 연간에 예안현 오천리로 이거해 자리를 잡았으니 광산김씨 예안파의 입향조가 된다. 그의 두 아들 운암 김연과 탁청정 김유, 맏손자 후조당 김부필을 비롯한 다섯 손자에 이르러 광산김씨는 명문으로 이름을 크게 떨치게 되었고, 광산김씨 안동 예안파를 이루게 되었다. 군자마을에서는 김효로의 아들과 손자들이 분가하면서 만든 종택들을 구경할 수 있다.

후조당

후조당은 김연의 손자인 김부필이 지은 집이다. 김부필은 41세의 나이로 이황의 문하에 나가 제자가 되었으며 나라에서 여러 차례 벼슬을 내렸지만 사양했다. 이에 이황이 그의 지조와 절개를 높이 평가했다. "후조주인(後彫主人)은 깨끗한 절개를 굳게 지켜, 나라의 임명장이 문전에 이르러도 기뻐하지 않는구나."

명종 시대는 문정왕후의 외척인 윤원형과 윤임 간의 외척정치로 나라가 어지러워 임꺽정 같은 도적들이 출몰하던 때였다. 선비는 나아갈 자리를 아는 법이라고 했다. 난세에는 은거하고 치세에는 나아가는 도리를 아는 김부필은 벼슬길에 나가지 않고 고향에서 학문에 정진하며 살기로 마음먹었던 것이다. 그래서였는지 김부필은 일생 『심경(心經)』을 애독했다고 한다. 『심경』은 송나라 학자 진덕수가 경전과 도학자들의 저술에서 심성 수양에 관한 격언을 모아 편집한 책으로 퇴계 선생의 성학십도 제8도인 심학도에서 이를 풀이해 놓았을 정도로 선비들의 정신수양에 좋은 책이었다.

후조당에 걸린 편액은 『논어』「자한」 편의 "세한연후지송백

오천리 군자마을 조선 초 농수 김효로가 입향한 이래 600년을 세거한 광산김씨 유적지이다.

지후조야(歲寒然後知松柏之後彫也)"에서 나온 말이다. '추운 겨울이 되어서야 소나무와 잣나무가 늦게 시든다는 것을 알게 된다'는 뜻이다. 세상이 평온할 때는 누가 절의를 지키는 사람인지 잘 모르지만, 세상이 어지럽고 위태로울 때가 되면 절의를 지키는 사람이 누구인지 드러난다.

탁청정

탁청정은 김효로의 둘째 아들인 탁청정 김유의 집이다. '탁청(濯淸)'은 '맑은 물에 씻으니 스스로 깨끗해진다(濯淸泉以自潔)'는 표현에서 따온 말로 벼슬자리에 연연하지 않고 조선의 명사들과 음식과 술, 시를 나누며 한세상 시름을 잊고 살겠다는 의미가 담겨 있다. 1541년, 탁청정 김유가 세운 탁청정은 종가에 딸린 정자로 개인 정각으로는 그 규모가 영남지방의 정자 가운데 가장 웅장하고 우아하다는 평을 받고 있다. 원래는 낙동강 옆에 닿아 있는 오천리에 있었지만 안동댐 건설로 현재 자리로 옮겨 지었다.

탁청정은 건물의 주추가 되는 주춧돌부터 웅장하다. 주춧돌이 크니 건물도 따라서 웅장해졌다. 정자 앞에는 네모난 연못도 만들었다. 건축 당시에는 단청이 있었다고 하니 돈이 많이 들었다. 누정의 편액은 당시 조선 제일의 명필이라 하는 한석봉의 글씨다. 탁청정의 공사가 모두 끝난 후에 김유는 근방의 이름난 유현들을 탁청정의 낙성연에 초대했다. 퇴계 이황 역시 탁청정 낙성연에 초대되었는데 강 건너에서 정자의 모양을 보고 선비의 집이 너무 호사스럽다고 누정에 오르길 꺼려했다고 한다. 그 정도로 탁청정은 영남에서 크고 화려한 정자로 이름을 알렸다.

김유는 사람을 좋아해서 풍류객이나 과객들에게 술과 음식 접대를 잘했다. 그래서인지 음식 만드는 데 관심을 가져서 전통 조리서인 『수운잡방(需雲雜方)』을 저술했다.

『수운잡방』은 지역에서 가장 오래된 전통 조리서로 16세기 안동지역 양반가의 음식법을 알 수 있는 귀중한 사료적 가치를 가지고 있다. 조선시대에 남자 요리사인 숙수도 있었지만 양반 사회에서 더구나 요리는 여성들의 전유물로만 생각하던 조선 사람들의 편견을 깬 저서라고 할 수 있다.

이 밖에도 군자마을에는 설원당, 읍청정, 침락정, 산남정, 계암정, 양정당, 지애정 등 다양하고 아름다운 고택들과 정자들을 만날 수 있다. 현재 군자마을에서는 한옥스테이가 개설되어 숙박을 원하는 관광객들에게 편의를 제공하고 있다. 고즈넉한 한옥의 멋스러움을 느끼며 싱그러운 아침을 맞이하고 싶은 분들에게 추천한다.

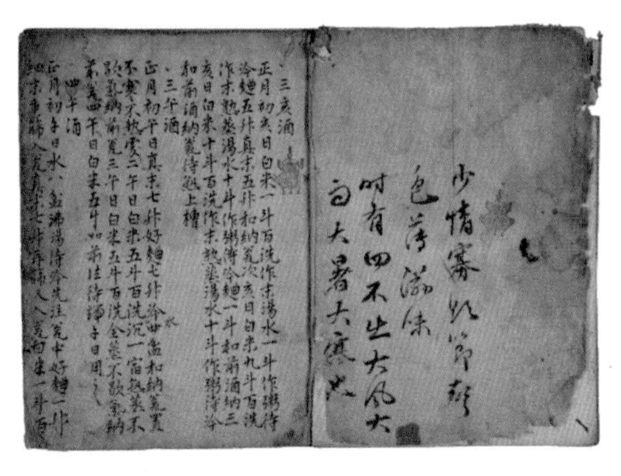

『수운잡방』 탁청정의 주인 김유가 지었다. 지역에서 가장 오래된 전통 조리서로 16세기 안동지역 양반가의 음식법을 알 수 있다.

09

안동소주와 안동포

안동의 전통이 만든 명품

『수운잡방』의 '수운(需雲)'이란 단어는 『역경(易經)』의 '구름 위 하늘나라에서는 먹고 마시며 잔치와 풍류로 군자를 대접한다(雲上于天需君子以飮食宴樂)'는 한 구절에서 인용한 것이다. 글의 의미에서 알 수 있듯이 안동은 '봉제사접빈객(奉祭祀接賓客)'으로 대표되는 종가의 고장이다.

'조상의 제사를 받들어 모시고 손님을 접대'하는 풍속이 있어서 각 집안마다 고유의 술을 만들었다는데 『수운잡방』에 등장하는 술의 종류만 해도 다양하다. 삼해주, 삼오주, 벽향주, 만전향주, 두강주, 칠두주, 소곡주, 감향주, 백자주, 호도주, 상실주, 하일약주, 삼일주, 하일청주, 하일점주, 진맥소주, 녹

파주, 일일주, 도인주, 백화주, 유하주, 오두주, 함향주, 백출주, 정향주, 십일주, 동양주, 보경가주, 동하주, 남경주, 진상주, 별주, 이화주 등이 있다. 지금은 전하지 않는 것도 많지만 과거에는 이만큼 많은 술이 존재했었다는 말이 된다.

일 년 내내 제사가 끊이지 않고 손님이 찾아오는 종가에서 술 만드는 일은 필수 항목이었다. 더구나 조상이나 손님께 대접하는 술은 그 집안의 격을 말해 주기도 했다. 집집마다 대대로 내려오는 비법에 따라 만들어내는 가양주는 종류도 다양하고 맛도 달랐다. 막걸리는 걸러 마시기 때문에 만들기 쉬웠지만 소주는 만들기부터가 어려웠다. 소주(燒酒)에 불화(火)가 붙은 것은 증류하기 때문이다. 막걸리를 발효시켜 나온 맑은 술인 청주(淸酒)를 증류해서 나오는 증류주이기 때문이다. 소주 한 병을 내기 위해서 막걸리 예닐곱 병을 증류해야 했다. 그래서 가난한 일반 민가에서 만들 수 없었다. 소주는 부의 상징이기도 했다.

종가의 가양주에서 시작된 안동소주

안동의 이름 있는 종택에서는 대부분 소주를 직접 만들었다. 소주는 명절 제사와 손님 접대뿐 아니라 응급처치 상비약으로 쓰임이 다양했다. 하지만 일제강점기에 '주세령(酒稅令)'을 내

안동소주 안동에서 생산되는 소주는 10여 종류의 브랜드가 있다. 조옥화 안동소주, 박재서 명인 안동소주, 양반 안동소주, 일품 안동소주 등등 도수와 제품 종류도 다양하다. 예로부터 안동에서는 일 년 내내 제사가 끊이지 않고 손님이 찾아오는 종가에서 술 만드는 일은 필수 항목이었다. 더구나 조상이나 손님께 대접하는 술은 그 집안의 격을 말해 주기도 했다. 집집마다 대대로 내려오는 비법에 따라 만들어내는 가양주는 종류도 다양하고 맛도 달랐다.

려 가정에서 술을 빚지 못하도록 했다. 순사들은 밀주단속에 나서 철퇴를 맞은 종택들도 많았다. 대신 일제는 양조장에 주조허가를 주어 주세(酒稅)를 챙겼다.

1920년, 안동소주 공장이 생겼다. 당시 안동 최고의 부자인 권태연이 만든 양조장에서였다. 이름해 '제비원표 안동소주'다. 안동 사람에게 친숙한 제비원 석불을 그려 넣은 안동소주는 만주(滿洲)까지 팔려 나갔다고 한다. 해방 이후, 일제강점기에 걸어 놓았던 주세령은 풀리지 않았고, 군사정권에서도 가양주를 밀주로 단속했다. 식량이 부족하던 시절 쌀을 재료로 하는 술을 빚지 못하게 금지하면서 증류식 소주는 차차 자취를 감추게 되었다. 증류식 소주의 빈자리는 희석식 소주가 대체하게 되었다.

희석식 소주는 타피오카와 당밀로 만든 주정을 수입해서 물을 부어 희석하고 감미료를 첨가하는 소주다. 우리가 즐겨 마시는 소주는 그렇게 탄생한 것이다. 기업에서 희석식 소주를 대량으로 판매하면서 전통주의 명맥이 끊어지나 했지만 88올림픽을 시작으로 전통주는 살아나게 되었다. 안동의 전통주 안동소주도 이 시기에 부활하게 되었다.

안동에서 생산되는 소주는 10여 종류의 브랜드가 있다. 조옥화 안동소주, 박재서 명인 안동소주, 양반 안동소주, 일품 안동소주 등등 도수와 제품 종류도 다양하다. 안동에서 소주 명인으로 불리는 이는 조옥화와 박재서 두 분이다. 안동소주를 세상에 알린 것은 1999년 영국의 엘리자베스 여왕이 안동에 방문했을 때이다. 여왕의 생일 접대주로 조옥화 씨가 만든 안동소주가 지정되면서 전국적인 유명세를 탔다.

어릴 적 친구 집이 조옥화 명인의 집에서 전세를 살았다. 조옥화 씨의 집이 두 채였는데 쓰지 않는 한 채에 세를 든 것이다. 우리 집과 멀지도 않았다. 친구 집에 놀러 가면 정원에서 조옥화 명인이 젊은 주부들과 함께 뭔가를 만들었는데 그것이 안동소주였다. 항아리처럼 생긴 소주고리에서 물방울 같은 술이 술병으로 똑똑 떨어지던 기억이 생생하다. 그분이 안동소주 만드는 조옥화 명인이라는 것은 엘리자베스 여왕이 방문해 뉴스에 나왔을 때 알았다. 조옥화 명인의 안동소주는 밀누룩을 써서 고량주 같은 맛이 나는데 오래되면 깊은 맛이 느껴진다.

반남박씨 집안에서 내려오는 안동소주(박재서 명인 안동소주)는 쌀누룩을 써서 맑고 깨끗한 맛이 난다. 박재서 명인의 안동소주는 22도의 낮은 도수부터 45도의 높은 도수까지 다양하다. 안동소주는 집안에서 전통적으로 내려오는 소주 만드는 비법으로 만들기 때문에 브랜드마다 미세하게 맛이 차이가 난다. 안동소주에 관한 정보는 안동소주휴게소 홍보관에서 자세하게 알 수 있다. 안동시 와룡면과 수상동, 풍산에도 안동소주박물관이 있어 안동소주가 궁금한 이들이 방문할 수 있다.

신라 때부터 만든 안동삼베

안동소주만큼 유명한 것이 안동포다. 안동은 신라에 속해 있었고 신라 3대 유리왕 때부터 부녀자들이 '삼삼기' 대회를 열었다고 한다. 7월 16일부터 매일 육부의 마당에 모여 길쌈을 하고 8월 보름에는 한 달에 걸친 성적을 심사해 진 편이 이긴 편에게 술과 음식을 마련해 대접하며 노래와 춤으로 즐겼다. 이때, 진 편의 여자가 일어나 춤추며 '회소(會蘇), 회소' 하고 탄식하는 음조(音調)가 매우 슬프고 아름다워서, 후세 사람들이 그 소리에 맞추어 노래를 지어 불렀다고 한다.

삼베는 신라 화랑들이 즐겨 입었으며, 옛 무덤에서 당시의 모습을 그대로 지닌 마포 유물이 발견되고 있어 고대부터 삼베옷을 입었다는 것을 알 수 있다. 안동은 예로부터 기후와 토질이 대마 재배 조건에 가장 적합해 농가에서 야생 대마를 재배해 안동포에 가까운 옷감을 만들기 시작했다. 조선시대에는 삼베가 전국적으로 만들어졌다. '안동포'라고 부르는 이유는 삼베 가운데 특별한 제조법으로 짰기 때문이다.

새벽녘 윗목에서 할머니가 잘게 자른 삼베 줄기를 넓적다리에 비벼 삼베를 만들던 모습은 안동에서 흔한 광경이었다. 안동삼베가 유독 고운 노란빛을 띠고 기름 먹은 것처럼 광택이 나는 것은 한 올 한 올 정성스레 길쌈하던 할머니의 정성이 있어서다. 안동지역에서 혼수 품목 가운데 삼베 두루마기를 첫째로 치는 것은 그 정성과 가치 때문이다. 삼베는 평소에 입고 다니는 옷이지만 사후에 수의로 효용가치를 마치기 때문에 우리 민족의 일상생활에서 중요한 옷감이었다. 안동포는 찌고 말리고 벗기고 삼는 수많은 과정을 거쳐야 비로소 완성될 수 있다. 과거에는 모든 지역에서 대마를 생산했고 삼베를 짜는 일은 부녀자들의 주된 일이었다. 하지만 대마가 환각물질로 나라에서 금하면서 지정된 마을에서만 경작할 수 있다.

안동포전시관

안동포 직조 기능은 경상북도 무형문화재 제1호로 지정되어 있는데 금소에서 안동포가 생산되면서 안동포마을로 명칭이 변경되었다. 마을의 맞은편, 35번 국도의 오른편에는 커다란 한옥식 건물이 있는데 안동포전시관이다. 안동포에 관한 모든 것을 볼 수 있는 곳이다.

안동포전시관에서는 마을 할머니들이 모여서 전통 삼베를

안동포 만들기 안동포는 찌고 말리고 벗기고 삼는 수많은 과정을 거쳐야 비로소 완성될 수 있다.

만들고 있다. 백발의 할머니들은 50년 이상 안동포를 짜온 살아있는 문화유산이기도 하다. 매주 주말마다 안동포짜기 시연을 하고 있다. 안동포전시관 맞은편에서는 안동포타운체험관을 운영하고 있다. 이곳에서 양말목 직조 체험, 베틀 체험과 함께 안동포 한복 입어보기 체험, 그리고 폴라로이드 카메라 대여 등이 준비되어 있다.

안동포전시관 앞에는 금소생태공원이 있는데 2017년에 조성됐으며, 전국 최대의 친수공원으로 면적이 약 20만㎡에 이른다. 공원에는 정자, 데크, 쉼터, 야외 공연장, 체육시설, 산책로 등이 갖춰져 있다. 특히 음수대와 화장실이 마련돼 있어 차박이나 캠핑을 하는 이들이 많이 찾는 장소이다. 길안천 좌우로 놀거리가 많아 아이들과 즐기기 좋다. 길안천은 물이 맑고 수심이 얕아서 어린아이들과 물놀이하며 보내기에 안성맞춤이고 다리 밑은 그늘이 시원해서 인기가 좋다. 다양한 생물들이 살고 있는데 물고기를 비롯해 수십 종의 수생식물과 새, 초식동물들이 있기에 아이들이 생태체험을 하기에도 좋다.

10

예끼마을

새롭게 태어나는 문화 마을

군자마을을 나와 35번 국도를 따라가다 보면 오른편으로 안동호가 나타난다. 강태공들이 드문드문 낚시하는 광경이 보인다. 5분 정도 더 가다 보면 35번 국도를 경계로 큰 건물들과 가옥들이 포도송이처럼 다닥다닥 모여 있는 마을이 나타난다. '예끼마을'이라는 이름이 붙은 이 마을의 본래 이름은 '예안'인데 과거 선성현이 있던 곳이다. 안동댐으로 인한 수몰로 갈 곳을 잃은 수몰민들이 산기슭에 자리를 잡은 수몰민 동네이다. 선성현은 조선시대에는 안동보다 큰 행정구역이 있던 곳이다. 선성현을 중심으로 낙강이 흐르는 골짜기마다 마을이 형성되어 있었고, 풍광 좋은 곳에는 사대부 양반들의 고택이 즐비했다. 이퇴계 선생의 도산서당이 가까이 있으며 퇴계 종택과 많은 종가들이 선성현을 중심으로 분포하고 있다.

향산고택

한말 의병이 일어난 곳도 선성현이다. '선성의진(예안의진)'이라 불리던 의병의 우두머리는 향산고택의 주인 이만도였다. 향산고택은 한말 의병장을 했던 향산 이만도 선생이 살았던 집이다. 그는 고종 3년(1866)에 문과에 장원급제해 교리·응교·양산군수 등을 역임하고 퇴임해 살던 중 일제가 고종을 핍박하자 예안의진의 의병장으로 일제에 항거했다. 하지만 국운이 기울어 나라가 일제에 병탄되자 유서를 지어 놓고 24일간 단식하다가 순국했다. 이때 남긴 시가 있다.

胸中羣血盡　가슴속의 비릿한 피 다하니
此心更虛明　이 마음 다시 텅 비어 밝아지네
明日生羽翰　내일이면 양어깨에 날개가 생겨
逍遙上玉京　옥경에 올라가 소요하리라

망국의 신하로서 임금에 대한 의리를 지키며 죽어 가는 이만도의 긍지와 의기가 엿보이는 시다. 향산 이만도의 아들은

1919년 파리장서운동을 주도한 이중업이다. 이중업의 아내 김락은 3 · 1운동에 참여했다가 일본 순사들의 고문을 받아 두 눈을 실명했고, 그 아들인 이동흠과 이종흠 역시 독립운동을 하다가 모진 고초를 겪었다.

본래 향산고택은 안동시 도산면 토계리에 있다가 안동댐으로 인한 수몰로 지금의 위치에 있지만 3대(三代) 독립운동 가문으로 지정받았고, 이들 집안의 독립운동 이야기는 오페라 〈김락〉으로 안동지역에서 공연되고 있다.

향산고택은 안동댐이 들어서면서 안동시 안막동으로 옮겨진다. 그 밖의 유서 깊은 예안의 종가들도 사방으로 뿔뿔이 흩어지게 되었다. 예안을 터전으로 살던 사람들이 각지로 흩어지고 몇몇 남은 사람들만 산기슭에서 명맥을 유지하며 살아오게 된 것이다. 커다란 북부권 행정구역이 수몰되면서 예안은 완전히 몰락했다고도 할 수 있었다.

예끼마을

안동시로서는 북부권의 발전을 생각하지 않을 수 없었다. 그래서 1995년 예안에 한국국학진흥원을 만들었다. 한국국학진흥원은 민간에 소장된 기록유산을 체계적으로 조사 · 수집하고 이를 폭넓게 연구해 전통문화의 창조적 계승에 이바지하기 위한 목적으로 설립되었다. 안동 일대는 성리학을 중심으로 하는 양반문화가 발달된 곳이었다. 종가들이 보관했던 수많은 서적과 문화유산들을 체계적으로 보관하고 연구할 필요가 있었고, 북부권 개발에 낙후된 예안이 적임지로 결정되었던 것이다. 이곳에는 국학 진흥사업의 기획과 연구 중심 공간인 홍익의 집, 세계기록문화유산 체험전시장이 있다. 유교문화박물관에서는 수많은 종가들의 가보와 유물들을 구경할 수 있고 인문정신연수원에서는 저렴한 비용으로 숙박을 겸할 수도 있다.

1996년 예안에 한국국학진흥원이 들어왔지만 인구감소 탓인지 마을은 더욱더 낙후되어 갔다. 결국 안동시는 2014년 마을재생 사업을 시작했다. 그래서 낙후된 예안에 새로운 이름을 부여했으니 '예끼마을'이다. 지역민들은 여전히 예안마을이라 부르고 있지만 마을 입구의 홍보 캐릭터에는 예끼마을이라고 분명히 명시해 놓아서 변화를 꽤하고 있다는 느낌이 든다. 예끼마을은 예술과 끼가 있는 마을의 준말이다. 전통마을에 마을재생 사업이 결합해 마을 곳곳에 아기자기한 볼거리들이 많다. 마을 내 선성현 관아 건물은 근민당 한옥 갤러리로 변했다. 마을회관은 작가들의 화실로, 우체국은 공방으로 변신했다. 안동 양반들의 먹거리를 체험할 수 있는 식당들과

예끼마을 전통 한옥마을의 모습을 재현한 선성현 한옥체험관은 한옥 민박집이며 선성현 문화단지에는 선성현의 객사, 동헌 등의 옛 관아를 복원했다.

맛있는 먹거리들을 골목 곳곳에서 만날 수도 있다.

전통 한옥마을의 모습을 재현한 선성현 한옥체험관은 한옥 민박집이며 선성현 문화단지는 선성현의 객사, 동헌 등의 옛 관아를 복원해 아이들과 함께 구경하기 좋다. 선성공원 내 쌍벽루(雙碧樓)는 청산과 푸른 강물이 서로 푸르다고 지어진 누각이다. 선성 현감 임내신이 세운 누각인데 선조 38년(1605) 대홍수로 떠내려간 것을 복원한 것이다. 누각 안에는 퇴계 이황과 농암 이현보 등 6인의 시가 걸려 있다. 선성산성은 7세기 통일신라 때에 만든 산성으로 후삼국시대부터 임진왜란 때까지 성곽의 기능을 담당했다. 500m 길이로 복원한 선성산성에서는 강변 풍경을 바라보며 가볍게 산책하기 좋다.

예안향교

예끼마을 강변을 산책하다 보면 고아한 건물 한 채를 만날 수 있는데 예안향교이다. 예안향교는 태종 15년(1415), 예안현(禮安縣)에 설치되었다. 100여 년 후인 성종조 때에 전국에 향교가 세워진 것을 감안하면 매우 빠른 시기에 설치된 것이다. 당시 예안현은 안동보다 더 큰 인구 규모를 가지고 있었으며 유학에 정통한 인재들이 많았다고 한다. 토지가 비옥하지 못한 산간지방인 이곳에서 현달할 수 있는 길은 공부밖에 없었으므로 예안 일대의 양반 자제들은 향교로 모여들었다.

수업은 대개 명륜당에서 이루어졌는데 유교 예절과 경전을 배웠다. 향교에 들어올 정도가 되려면 한자에 대한 기본 소양을 가지고 있어야 했다. 보통 아이들은 서당에서 『천자문』을 배웠고 여섯 살부터 『소학』을 익혔다. 그 후부터는 『논어』, 『중용』, 『대학』 등의 한학을 두루 배우게 되는데 오언시, 칠언시를 짓고 그것이 능하면 과문을 짓고, 그 경지를 넘어서면 논문을 짓기도 했다. 수업 방식은 개별로 독서한 것을 읊고 교수에게 궁금한 것을 질문하고 답하는 식으로 진행되었다.

수업은 향교의 정문 역할을 하는 양호루 2층 누각과 명륜당에서 이루어졌다. 명륜당은 수업이 이루어지는 주 강당 역할을 하던 건물로 대성전과 일직선상에 놓여 있는 것이 일반적이지만 예안향교의 명륜당은 왼쪽에 비켜서 있는 점이 독특하다. 대성전에는 성현의 위패를 모시고 제사를 지냈는데 예안향교는 5성(五聖 : 공자 · 안자 · 증자 · 자사 · 맹자), 송조 4현(宋朝四賢 : 주돈이 · 정호 · 정이 · 주희), 우리나라 18현(十八賢 : 설총 · 최치원 · 안유 · 정몽주 · 김굉필 · 정여창 · 조광조 · 이언적 · 이황 · 김인후 · 이이 · 성혼 · 김장생 · 조헌 · 김집 · 송시열 · 송준길 · 박세채)의 위패를 봉안하고 있다. 음력 2월과 8월 중 좋은 날을 골라 '석전대제(釋奠大祭)'를 지내는데 현재까지도 이어지고 있다.

안동무궁화 무궁화는 우리나라를 대표하는 꽃이기도 하지만 안동에는 더 특별한 무궁화가 있다. 바로 '안동무궁화'다. 1919년, 3·1 운동이 예안장터에서 일어나던 날, 유림 선비들은 나라의 독립을 염원하며 예안향교에 무궁화를 심었다. 그렇게 피고 지길 90년이 흐른 후 예안향교에서 자라던 무궁화는 희귀 재래종 무궁화의 후계목으로 지정되었다. 크기가 작다고 하여 '애기무궁화'라고도 불리며, 예안향교에서 그 뿌리가 시작된 터라 '예안향교무궁화'로도 불린다.

"독립정신의 표상, 안동무궁화 꽃이 피었습니다."

예안향교에서 유명한 것은 안동무궁화다. 1919년, 3·1 운동이 예안장터에서 일어나던 날, 유림 선비들은 나라의 독립을 염원하며 예안향교에 무궁화를 심었다. 그렇게 피고 지길 90년이 흐른 후 예안향교에서 자라던 무궁화는 희귀 재래종 무궁화의 후계목으로, 1999년 한국 무궁화 품종 명명위원회에서 '안동'으로 명명해 '안동무궁화'란 이름을 갖게 되었다. 안동무궁화는 '애기무궁화'로도 불리며 예안향교에서 그 뿌리가 시작된 터라 '예안향교무궁화'로도 불린다.

안동호 선성수상길

…… 더 보기 : ……………………………………………………
선성수상길 · 호반자연휴양림 · 세계유교선비공원 · 안동국제컨벤션센터 · 산림과학박물관

예끼마을은 눈앞의 거대한 안동호를 바라볼 수 있는 전형적인 강촌이다. 어딜 가도 푸른 호수를 만날 수 있다. 직접 푸른 호수로 들어갈 수도 있다. 호수에는 다리가 없는 부교가 길게 나 있다. 선성수상길은 2017년 3대 문화권 사업으로 이루어졌는데 수면 위에 길이 1km, 폭 2.75m의 수상 데크교이다. 선성수상길을 걷다 보면 찰랑거리는 푸른 물결, 부서지는 은빛 햇살을 경험할 수 있다. 수상길 중간에는 수몰된 예안초등학교 터를 알리는 안내판이 세워져 있는데 상전벽해의 고사가 생각난다. 예안의 역사를 생각하면서 푸른 물 위를 걸으면 마음도 자연히 차분해진다. 선성수상길을 따라 호수를 걷다 보면 어느새 낙동강 건너편에 닿을 수 있다. 이곳에는 호반자연휴양림이 있는데 산림문화 체험을 겸하는 숙박시설이다. 안동호반 자연휴양림은 건축 형식에 따라 전통가옥, 숲속의 집, 산림휴양관, 호반하우스로 조성되어 있어서 숙박과 여가 활동을 할 수 있는 휴양단지이다.

호반자연휴양림에서 멀지 않은 도산면 동부리에는 세계유교선비공원과 안동국제컨벤션센터가 있다. 안동국제컨벤션센터는 안동의 유교문화를 상징할 지리적 표석으로 총 7,100평 정도 규모의 건물에 각종 회의실과 전시실, 공연장과 레스토랑 같은 편의 공간을 갖출 예정이다. 21세기 인문 포럼과 국제회의·국내회의 등 크고 작은 포럼과 행사 유치로 안동이 가진 유교 자원이 세계로 뻗어나가는 데 중요한 역할의 장이 되려고 한다. 컨벤션센터와 연계될 세계유교박물관은 한국과 중국, 일본과 베트남 등 각 나라의 유교 문화와 역사를 소개하고 있다.

예끼마을에서 자동차를 타고 3분 정도 거리에는 산림과학박물관이 있다. 산림에 관한 모든 것을 알 수 있는 이곳은 국학진흥원과 마찬가지로 북부권의 발전을 위해 만들어진 건물이다. 하지만 은근히 사람들이 많이 찾는 알찬 곳이다. 입장료가 무료이고, 비올 때나 더울 때 실내에서 쾌적하게 시간을 보낼 수 있는 몇 안 되는 곳이기 때문이다. 이곳에서는 숲에 관한 모든 것을 배울 수도 있다. 산림이 우리에게 주는 이득, 산림의 파괴로 지구가 처한 현실 등 산림과 인간의 과거와 미래에 관한 모든 것들을 일목요연하게 구경할 수도 있다.

화석이나 곤충, 식물 등의 표본이 전시되고 아이들의 지식놀이 공간들이 적절하게 배치되어 있다. 산림 속에 쉴 곳도 많아서 아이들과 함께 자주 갔던 기억이 있다. 산림과학박물관의 매력은 건물 안에만 있는 것이 아니다. 박물관의 입구에서 왼편 산 위로 나 있는 길을 따라 걷다 보면 산림박물관의 진면목이 드러난다. 길 좌우로 아름다운 나무와 풍경이 마음을 평안하게 한다. 마치 가벼운 산책 코스 같은 느낌이 든다. 맑은 공기와 자연을 감상하며 구불구불한 고개를 넘어가면 전혀 새로운 자연이 나타난다. 두 개의 못을 만들어 놓았고 둘레길이 있어 한적하게 산책하기도 좋다. 마치 자연 안에 또 다른 자연이 있는 듯해서 혼자만의 시간을 즐기기에도 괜찮고 가족과 함께 추억을 쌓는 시간으로도 괜찮다.

11

안동의 서원

도산서원·병산서원·고산서원·역동서원

도산서원은 퇴계 이황이 만든 사립학교이다. 사실 처음부터 서원은 아니었다. 벼슬살이에 환멸을 느낀 퇴계 이황은 학문을 연구하고 후학을 기르기 위해 집과 가까운 곳에 작은 서당 하나를 만든다. 그곳이 계상서당이다. 하지만 오래되고 낡은 건물이라서 비가 오거나 바람이 불면 허물어져서 불편했다. 그래서 다른 장소를 물색하다가 찾은 곳이 이곳이다. 도산서원 자리는 본래 농부가 밭을 일구고 있던 전지였다. 퇴계 선생이 일찍이 마음에 두고 있었지만 농부에게 폐가 될까 싶어 차마 말을 꺼내지 못했었다고 한다. 농부가 그 사실을 알고 퇴계에게 밭을 팔면서 그 자리에 서당이 들어서게 되었다.

도산서원

퇴계는 57세이던 1557년 도산서당을 짓기 시작해 1661년에 완공했다. 서당 앞으로는 낙강(낙동강)이 흐르고, 그 건너는 넓은 들판이 펼쳐져 있었다. 언덕 위에 건물을 몇 채 짓고, 연못을 팠다. 인위적으로 조성한 곳에도 이름을 붙였고, 천연으로 이루어진 곳들도 다듬어 이름을 붙여 특별한 의미를 부여했다. 이는 『도산잡영』에서 자세히 기록하고 있다.

> "나는 늘 고질병을 달고 다녀 괴로웠기 때문에, 비록 산에서 살더라도 마음껏 책을 읽지 못한다. 남몰래 걱정하다가 조식(調息)한 뒤 때로 몸이 가뿐하고 마음이 상쾌해, 우주를 굽어보고 우러러보다 감개(感慨)가 생기면, 책을 덮고 지팡이를 짚고 나가 관란헌(觀瀾軒)에 임해 정우당(淨友塘)을 구경하기도 하고 단에 올라 절우사(節友社)를 찾기도 하며, 밭을 돌면서 약초를 심기도 하고 숲을 헤치며 꽃을 따기도 한다. 혹은 바위에 앉아 샘물 구경도 하고 대에 올라 구름을 바라보거나 낚시터에서 고기를 구경하고 배에서 갈매기와 가까이 하면서 마음대로 이리저리 노닐다가, 좋은 경치 만나면 흥취가 절로 일어 한껏 즐기다가 집으로 돌아오면

고요한 방 안에 쌓인 책이 가득하다.

책상을 마주해 잠자코 앉아 삼가 마음을 잡고 이치를 궁구할 때, 간간이 마음에 얻는 것이 있으면 흐뭇해 밥 먹는 것도 잊어버린다. 생각하다가 통하지 못한 것이 있을 때는 좋은 벗을 찾아 물어보며, 그래도 알지 못할 때는 혼자서 분발해 보지만 억지로 통하려고는 하지 않는다. 우선 한쪽에 밀쳐 두었다가, 가끔 다시 그 문제를 끄집어내어 마음에 어떤 사념도 없애고 곰곰이 생각하면서 스스로 깨달아지기를 기다리며 오늘도 그렇게 하고 내일도 그렇게 할 것이다. 또 산새가 울고 초목이 무성하며 바람과 서리가 차갑고 눈과 달빛이 어리는 등 사철의 경치가 다 다르니 흥취 또한 끝이 없다. 그래서 너무 춥거나 덥거나 큰바람이 불거나 큰비가 올 때가 아니면, 어느 날이나 어느 때나 나가지 않는 날이 없고 나갈 때나 돌아올 때나 이와같이 했다."

— 『도산잡영(陶山雜詠)』 「병기(幷記)」

도산서원으로 들어가면 첫 번째 만나게 되는 곳이 도산서당인데 사랑마루 한 칸에 방이 한 칸밖에 안 되는 단출한 건

도산서당 퇴계의 학식과 명망은 온 나라에 널리 퍼져 있었기에 수차례 왕의 부름을 받았지만 출사하지 않았다. 도산서당에서 군왕의 도에 관한 학문의 요체를 도식으로 설명한 『성학십도(聖學十圖)』를 만들어 왕에게 바쳤다.

물이다. 퇴계는 이곳에서 학문을 연구하다가 바깥으로 나가 산책을 하곤 했다. 이 방에서 퇴계 선생은 당송시대 성리학자들의 학설을 알기 쉽도록 열 개로 정리한 『성학십도(聖學十圖)』를 완성했다. 이는 또한 퇴계가 '해동 주자'라고 불리는 이유이다.

퇴계의 학식과 명망은 온 나라에 널리 퍼져 있었기에 수차례 왕의 부름을 받았지만 출사하지 않고 도산서당에서 성리학을 정리해 선조에게 바쳤다. 도산서당이 서원이 된 것은 그의 사후인 1574년(선조 7)이다. 선조의 명에 따라 도산서원으로

도산서원 도산서당이 서원이 된 것은 그의 사후인 1574년(선조 7)이다. 선조의 명에 따라 도산서원으로 개칭되고 석봉 한호의 글씨로 된 사액현판을 받으면서이다. 이에 퇴계의 제자들과 유림이 그의 학덕을 기리기 위해 서당 뒤편에 사당을 추가로 세우면서 현재의 모습을 갖추었다.

개칭되고 석봉 한호의 글씨로 된 사액현판을 받으면서이다. 이에 퇴계의 제자들과 유림(선비들의 집단)이 그의 학덕을 기리기 위해 서당 뒤편에 사당을 추가로 세우면서 현재의 모습을 갖추었다.

현재 도산서원은 이황이 생전에 성리학을 깊이 연구하며 제자들을 가르쳤던 도산서당 영역과 사후에 제자들이 선생의 학문과 덕행을 기리기 위해 지은 도산서원 영역으로 나뉘어 있다. 서당 영역의 건물로는 도산서당, 농운정사, 역락서재, 하고직사 같은 건물이 있으며 서당 뒤쪽의 진도문을 기점으로는 서원의 영역이다. 서원에는 강당시설인 전교당(典敎堂)과 박약재, 홍의재 등이 있고 제향을 위한 시설인 상덕사(尙德祠)와 기타 부속 건물들이 있다. 퇴계 이황의 가르침은 경상도 일대에 큰 영향을 끼쳤다. 류성룡, 김성일 등 기라성 같은 문인들이 퇴계의 학통을 계승하면서 안동은 뿌리 깊은 유학의 고장이 되었다.

시사단

도산서원의 마당 앞에는 무덤처럼 솟은 곳이 있으니 시사단(試士壇)이다. 시사단은 선비를 시험하는 단상이라는 말이다.

퇴계 이황이 돌아가신 지 222년 후, 1792년 3월 정조는 이

조판서 이만수에게 명을 내려 퇴계 이황의 학덕과 유업을 기리는 뜻에서 특별 과거시험인 '도산별과'를 치르게 했다. 당시로서는 엄청난 특전이었다. 이는 정치적으로 소외된 영남 선비들을 위해 정조와 채제공이 계획적으로 설계한 탕평 정책의 일환이었다.

숙종 20년(1694), 갑술환국(甲戌換局)으로 영남의 남인들이 몰락하면서 영남의 선비들은 중앙 정치에서 힘을 잃게 되었다. 영남인들이 도승지나 5품 이상의 고위급 관료가 될 수 없었으니 정치적으로 발언권이 미약해졌다고 봐야 했다. 설상가상으로 30여 년 후, 영조 4년(1728)에 일어난 '이인좌의 난'으로 영남은 반역의 고향으로 낙인찍혀 영남의 선비들은 중앙 정치에서 완전히 소외되고 말았다.

1776년 81세로 영조가 붕어한 후, 정조가 즉위했지만, 막강한 노론 세력이 조정을 장악해 임금의 권력을 위협했다. 노론은 정조의 아버지 사도세자를 사사하도록 종용하던 당파였고 정조가 세자였던 무렵 세자의 자리에서 끌어내리려 했었다. 그런 까닭에 정조는 세자 시절 조그만 꼬투리도 잡히지 않으려고 처신을 조심했고, 노론의 눈치를 보면서 살아야 했다. 하지만 정조가 즉위한 지 10여 년이 지나 정치적인 힘을 키우게 되자 노론에 대항할 세력으로 소외된 영남인들을 끌어들일

시사단 시사단은 선비를 시험하는 단상이라는 말이다. 정조는 이황의 유덕을 기리고 노론에 대항할 생각으로 영남의 선비를 등용하기 위해 도산별시를 열었다. 장소는 도산서원과 마주 보이는 강변의 소나무 숲 사이였다. 이곳에서 선발된 인재들은 정조의 개혁 정책에 큰 힘을 보태게 된다. 안동댐으로 인해 물에 잠기게 되어 석축을 쌓고 원형대로 지었다. 아래는 물이 많이 찼을 때의 시사단 모습이다.

생각을 하게 되었다.

노론의 견제가 불 보듯 뻔한 상황에 정조는 기막힌 묘안을 찾았다. 정조는 퇴계 이황이라는 인물을 통해 소외되었던 영남 선비들에게 정치참여의 길을 열어주게 된다. 정조는 영남의 선비들을 달래기 위해 신라 시조를 모신 경주 숭덕전과 옥산서원에서 치제를 지내고 퇴계의 학덕을 기려 도산서원에서 별시(別試)를 열었다. 별시는 따로 보는 임시 과거시험으로 나라에 경사가 있을 때, 또는 10년에 한 번 당하관을 대상으로 시험하는 중시(重試)가 있을 때 함께 열었다. 왕이 외지에 행차했을 때 열리기도 했는데 왕이 아닌 한 인물의 유덕을 기리기 위해 별시가 열린 것은 조선 최초이자 마지막이었다.

도산별시가 처음으로 시행된 장소는 도산서원과 마주 보이는 강변의 소나무 숲 사이였다. 도산별시가 열린다는 소문이 영남 고을에 퍼지자 반세기 동안 중앙 정계에서 소외되었던 영남의 선비들은 도산서원으로 몰려들어 별시를 보았다. 어마어마한 수의 선비들이 시험을 쳤고, 이곳에서 선발된 인재들은 정조의 개혁 정책에 큰 힘을 보태게 된다.

정조가 영남 선비들을 끌어들이기 위해 시행한 도산별시가 영남 선비들을 결집하여 '영남만인소(嶺南萬人疏)'를 이끌어낸 것이다. 그해(1792년), 영남 지방의 유생 1만 57명은 정조의 아버지 사도세자의 신원(伸寃)을 위해 정조에게 영남만인소를 올리게 되었다. 상소는 영조에게 사도세자를 모함하여 죽음으로 이끈 노론 벽파(僻派)의 역적들을 처벌하고 사도세자의 무고함을 명백히 알릴 것을 요청하는 내용이다. 만여 명의 선비들이 뜻을 모아 올린 상소의 힘은 대단했다. 만인소를 받은 정조는 목이 메어 말을 제대로 잇지 못했다고 한다.

그로부터 4년 후(1796), 도산별시가 열린 곳에 10m 높이의 돌 축대를 쌓아 올려 시사단을 세웠다. 시사단은 정조의 탕평책을 보여주는 증거이기도 하고 영남에서 퇴계 이황의 영향력과 존재감을 보여주는 상징적인 장소이기도 하다.

안동댐으로 수몰되기 전에는 도산서원과 마주 보이는 강변의 소나무가 우거진 곳에 비각이 세워져 있었는데, 1975년에 원위치에 10m 높이의 돌축대를 쌓아 올린 뒤 원형대로 옮겨 지었다. 안동에서는 이를 기념해 '도산별과대전'을 해마다 연다.

병산서원

병산서원의 홈페이지에 들어가 보면 "자연과 사람이 한 폭의 그림이 되는 서원 건축의 백미, 우리나라에서 가장 아름다운 서원"이라는 글귀를 만날 수 있다. 유네스코 세계유산에 등재된 병산서원은 풍산에서 낙동강이 틀어져서 남쪽으로 내려오다가 병풍 같은 암벽산인 병산을 만나 서쪽으로 흐르는 화산의 산비탈에 있다. 본래 병산서원은 고려 중기부터 풍산에 있던 교육기관인 풍악서당(風岳書堂)에서 비롯되었다고 한다.

고려 말 공민왕 때 홍건적의 난이 일어나 왕의 행차가 풍산을 지날 무렵, 풍악서당의 유생들이 난리 중에도 학문에 열중하는 것을 보고 왕이 크게 감동해 많은 서책과 사패지(賜牌地)를 주어 유생들을 더욱 학문에 열중하도록 격려했다고 한다.

고려가 망하고 조선이 들어서면서 풍악서당 가까이에 집이 빼곡히 들어서고 차츰 시끄러워지면서 유림이 모여 서당을 옮길 곳을 물색하던 중에 병산으로 옮기는 것이 좋겠다는 서애 류성룡 선생의 의견을 좇아 1575년(선조 8) 풍악서당을 병산으로 옮기고 '병산서원'이라고 고쳐 부르게 되었다.

그 후, 1614년(광해군 6)에 우복 정경세, 창석 이준, 동리 김윤안, 정봉 안담수 등의 문인들이 서애 류성룡 선생의 학문과 덕행을 추모하기 위해 존덕사를 창건해 선생의 위판을 봉안했다고 한다.

병산서원은 지방교육의 일익을 담당했고 많은 학자를 배출했으며, 흥선대원군의 서원철폐령이 내려졌을 때도 훼철되지 않고 존속한 47개 서원 중의 하나였다. 바깥에서 보면 누

병산서원 만대루 '만대루'라는 이름은 송나라 때 주자가 후학을 가르치던 무이정사의 만대정에서 따왔다고 한다. 만대루에 앉아서 보면 앞쪽의 병산과 그 아래를 흐르는 강이 한눈에 들어온다. 만대루 앞에 양옆으로 핀 붉은 배롱나무 꽃이 아름답다.

구나 병산서원이 뭐가 그렇게 아름다운지 의아해할 것이다. 서원의 구조도 별다른 것이 없다. 강당 건물을 중심으로 동재와 서재, 여느 서원의 구조와도 같다. 하지만 서원 안으로 들어가 만대루에 올라 보면 단번에 생각이 바뀐다.

'만대루(晩對樓)'라는 명칭은 송(宋)대 주자(朱子)가 후학을 가르치던 무이정사(武夷精舍)에 있던 만대정(晩對亭)에서 따왔다고 한다.

만대루에 앉아 있으면 병풍처럼 둘러서 있는 병산과 맑은 강물이 한눈에 들어온다. 마치 커다란 자연의 풍경을 서원 안으로 빨아들이는 것처럼 아름답다. 서원 주변에 피어난 점점이 붉은 배롱나무 꽃은 초록빛으로 가득한 세상의 단조로움을 깨트리는 듯하다. 강에서 불어오는 시원한 바람을 맞으며 만대루 난간에 기대어 앉아 풍경을 바라보노라면 시름없는 신선이 된 듯도 하고, 마음속에 호연지기가 저절로 길러질 것 같다.

고산서원

보현산에서 발원한 미천(眉川)이 먼 길을 타고 내려오다가 바위산을 만나서 힘을 쓰지 못하고 구불거리는 곳에 암산(巖山)이 있다. 근대 시기에 이곳에 보를 놓아서 호수처럼 물을 가뒀는데 '암산유원지'라고 부른다.

큰 길이 아닌 옛길을 가다 보면 커다란 바위 아래 뚫린 암산터널이 내내 신기했었다. 동네 사람들에게 물어 보니 일제 강점기에 뚫렸다고 한다.

암산유원지에서는 여름에 낚시도 하기 좋지만 겨울에는 얼음 타기가 최고다. 겨울만 되면 안동 인근의 아이들은 암산에 얼음을 타러 왔었다. 빙질이 좋기로 유명해서 스케이트 선수들의 겨울 전지훈련 장소로도 애용되었다. 암산유원지 뒤편 햇볕이 잘 들어오는 언덕 위에는 작은 서원이 있다. 아래에서 보면 마치 고요한 산기슭에 좌정해 있는 것 같은 서원의 이름은 고산서원(高山書院)이다.

고산서원은 1789년(정조 13)에 대산 이상정(李象靖)의 학문과 덕행을 추모하기 위해 선생의 대산서당이 있던 자리에 지은 서원(현 남후면 광음리)이다. 이상정은 목은 이색의 15대손으로서, 일직면 망호리 마을 안쪽에 있는 한산이씨 대산종가에서 6남 3녀의 셋째아들로 태어났다. 본래 이상정의 고조부 이홍조는 한양 사람인데 광해군 때 외조부인 서애 류성룡이 있는 안동으로 피신해 오면서 그 후손들이 안동에 세거하게 되었다. 대산 이상정은 1711년 1월 19일 대산종가의 사랑채 만수재(晩修齋)에서 태어났다. 만수재 처마 아래에는 대산 선생이 태어나셨다는 현판이 걸려 있다.

선생은 남달리 총명해서 5세 때 글자를 배웠는데 이때 벌써 편방(偏傍)과 점획(點劃)을 다 알고 있었다고 한다. 편방과 점획을 안다는 것은 글자를 외우는 데 그치지 않고 글자의 속뜻까지 알았다는 말이다. 6세 때 어머니가 돌아가셨는데 슬퍼하는 모습이 어른 같았다고 한다. 어른을 대할 때는 도리를 다했고, 동년배들에게도 친숙해 어린 나이에 지각이 숙성했던 것으로 보인다. 대산 선생은 외할아버지인 이재(李栽)에게 학문을 배웠는데 그는 이황–이현일–이재로 이어지는 퇴계 학맥의 중요한 계승자였다. 영남학파의 학통을 계승한 이상정은 역법과 산수, 음악에 모두 통달했고, 천문과 지리, 상제들의 제도를 깊이 연구해 어린 나이에 수재로 통했다.

고산서원 암산유원지 맞은편 햇볕이 잘 들어오는 언덕 위에는 작은 서원이 있다. 아래에서 보면 마치 고요한 산기슭에 좌정해 있는 것 같은 서원의 이름은 고산서원이다. 1789년(정조 13)에 대산 이상정의 학문과 덕행을 추모하기 위해 선생의 대산서당이 있던 자리에 지은 서원(현 남후면 광음리)이다.

이상정은 20세 무렵 장수황씨 황혼의 딸을 아내로 맞이했는데 처가가 있는 암산으로 분가해 대산서당(大山書堂)을 열고 학문을 익히며 후학을 가르쳤다. 30대 무렵, 대산 이상정의 명성이 널리 퍼져서 원근의 많은 선비가 대산서당을 찾아올 정도였다.

이상정은 1735년(영조 11), 36세의 나이에 증광시 병과에 급제해 여러 관직을 거치게 되었다. 궁궐에서 내직을 전전하던 선생은 나이가 들어 외직을 자청하여 나가게 되었다. 1753년(영조 29) 연일(지금의 포항) 현감 재임 시 구황에 허덕이는 연일 백성들에게 많은 치적을 쌓았다. 연일은 오랫동안 날이 가물어 민심이 어지러웠는데 현감으로 부임하자마자 비가 내려 현민들이 그 비를 '사군우(使君雨)'라고 불렀으며, 풍속을 교화시키고 소송을 없애서 선정을 베풀었다.

벼슬길에서 물러난 선생은 고향으로 돌아와 대산서당의 문을 다시 열었다. 그 소문이 퍼지자 사방에서 배우러 오는 선비들이 몰려들었다. 이상정은 퇴계 이황의 주리론(主理論)을 깊이 연구해 주리설(主理設)을 확립했는데 그런 까닭에 '소퇴계(小退溪)'라는 별명을 얻었다.

선생은 제자를 가르칠 때 그 자질에 따라 적절한 공부를 시켰고, 기질을 변화시키는 데 주력했다. 당시 영남의 선비로

언행이 겸손하고 공경스러우며 눈매가 단정한 이들은 묻지 않아도 대산 이상정의 문인임을 알 수 있었다고 한다. 후일 대산 이상정에게 배운 제자들로 『문인록』에 오른 제자만도 273명이나 되었다.

대산서당에서 제자를 양성하던 선생은 1781년 71세로 세상을 떠났다. 그러자 제자들이 선생의 덕을 추모하기 위해 서원의 건립을 추진했고, 그로부터 8년 후인 1789년 대산서당이 있던 자리에 고산서원이 건립되었다.

고산서원은 암산 일대의 지방교육과 선현 배향을 담당했다. 하지만 1868년(고종 5) 흥선대원군의 서원철폐령으로 훼철되었고 그 이후에는 향사만 지내왔다고 한다. 고산서원 앞에는 높이 솟은 커다란 소나무들이 있고, 그 뒤로 고인돌 같은 돌 다섯 개가 있다. 서원 정문에서 몸을 돌려 바라보면 암산의 정경이 드러나야 하는데 큰 소나무들이 방해해서 탁 트인 맛이 나지 않았다. 하지만 서원 맞은편에 우뚝 서 있는 기암절벽 벼랑과 바위 위에 뿌리를 내리고 사는 측백나무가 고고한 선비처럼 느껴진다. 서원 옆에 있는 재사에서 서원을 관리하는 듯하나 사람이 찾지 않는 서원은 쓸쓸할 따름이다.

역동서원

한 손에 막대 잡고 또 한 손에 가시 쥐고

늙는 길 가시로 막고 오는 백발 막대로 지켰더니

백발이 제 먼저 알고 지름길로 오더라

고려 말, 역동 우탁(禹倬)이 늙음을 한탄하는 시(嘆老歌)다. 역동 우탁은 단양 사람이다. 충렬왕 4년(1278), 과거에 급제해서 영해(寧海) 사록(司錄)이 되었다. 사록은 조선시대 지방 수령쯤 된다고 보면 된다. 이 무렵, 영해에는 '팔령(八鈴)'이라 이르는 신사(神祠)가 있었다. 백성들이 그 영험을 믿고 팔령신(八鈴神)을 극진히 받들고 있었으며, 자주 제사 지내고 재물을 바쳐 폐해가 막심했는데, 팔령신을 요괴로 단정하고는 신사를 과감히 철폐했다. 벼슬이 차차 올라 충선왕이 즉위할 무렵 감찰규정(監察糾正)이 되었고, 충선왕이 부왕의 후궁인 숙창원비(淑昌院妃)와 통간하자 백의(白衣) 차림에 도끼를 들고 거적자리를 짊어진 채 대궐로 들어가 극간을 하곤 향리로 물러나 학문에 정진했다.

벼슬에서 물러난 우탁은 고향인 단양이 아닌 예안(禮安)에 은거하면서 후진 교육에 전념했다. 당시는 원나라가 천하를 통일해 국내까지 영향력을 미치던 시대였다. 이 무렵, 원나라에서는 새로운 유학인 정주학(程朱學)이 수용되고 있었는데, 송나라 학자 정이(程頤)가 주역한 『정전(程傳)』이 고려 땅으로 처음 들어왔을 때였다. 『정전』은 『주역』을 주석해 풀이한 책인데 중국 고대 왕조인 주(周)나라 시대의 점서(占書)이다. 본래 유학의 오경이 있는데 『시경(詩經)』·『서경(書經)』·『예기(禮記)』·『춘추(春秋)』·『역경(易經)』 중에, 『역경』을 『주역』이라 부른다. 『주역』은 미래에 발생할 일을 예측하고 그에 가장 적합한 행동양식을 제시하기 위해 탄생한 것인데 송나라 학자들은 음양론(陰陽論)을 통해 천지자연의 원리를 해석하고 인간사를 풀어가는 해법으로 해석했다. 하지만 당시 고려 땅에는 아무도 주역의 이치를 아는 이가 없었다. 우탁은 방문을 닫아걸고 연구하기를 달포 만에 주역의 이치를 터득해 후학들에게 전해 주었다.

우탁의 호는 백운(白雲) · 단암(丹巖)이었지만 『주역』을 동방에 전해 주었다고 하여 '역동(易東)'이라는 호가 새롭게 붙었다. 『고려사』「열전」에는 우탁에 대해 "역학(易學)에 더욱 조예가 깊어 복서(卜筮)가 맞지 않음이 없다"고 기록될 만큼 그는 뛰어난 역학자로 이름이 알려졌다. 우탁은 예안에서 살다가 80세 되던 1342년(충혜왕 복위 3)에 귀천했다. 선생의 묘는 안동 정산리에 있다.

『주역』을 동방으로 가져온 우탁 선생은 그렇게 세상에서 잊히는 듯했다. 우탁 선생이 새롭게 주목받게 된 것은 200여 년 후, 도산서당에서 성리학을 연구하던 퇴계 이황에 의해서였다. 사향노루가 지나가면 사향 냄새가 남는 것처럼, 큰 인물의 자취는 큰 인물이 알아보는 법이다. 퇴계 이황은 우탁이 학문적으로 얼마나 큰 공헌을 했는지 알고 있었다.

선조 3년(1570), 퇴계 이황의 발의로 역동 우탁의 학문과 덕행을 추모하기 위해 서원을 창건해 위패를 봉안했다. 역동

역동서원 역동 우탁은 단양 사람이다. 고려 충렬왕 4년(1278), 과거에 급제해서 영해 사록(지방 수령)이 되었다. 『주역』을 우리나라에 처음으로 들여왔다고 하여 '역동'이라는 호가 더 생겼다. 현재 역동서원은 안동대학교 내외의 한국학 관련 학자들이 한국학을 연구하고 교육하는 장소 등으로 다양하게 활용되고 있다.

서원의 현판은 원래 퇴계 선생이 손수 써서 게판했는데, 숙종 10년(1684)에 '역동(易東)'이라는 편액을 받아 사액서원이 되었다. 사액서원이 되면 나라에서 토지와 노비들을 하사받는다. 과거 역동서원은 도산서원과 더불어 예안을 대표하는 서원이었다. 하지만 고종 5년(1868) 대원군의 서원철폐령으로 역동서원은 훼철되었으나 1969년 안동의 동쪽 송천지역에 복원되었다. 그때 숙종이 사액한 현판은 유실되었으나 퇴계 선생이 손수 써서 게판했던 '역동서원', '광명실' 등의 현판들이 남아 있어서 현재까지 사용되고 있다.

역동서원은 현재 안동대학교 안에 있는데 1991년 안동대학교가 송천동으로 옮겨 오면서 학교 부지에 편입되었고, 안동대학교에 기부되었다고 한다. 입도문을 들어가면 정면에 명교당 건물이 있고 동서재인 사물재와 삼성재가 단출하게 서 있다. 명륜당 뒤편에 있는 상현사에는 우탁 선생의 위패가 모셔져 있어 매년 두 차례 향사를 지내고 있다고 한다. 현재 역동서원은 안동대학교 내외의 한국학 관련 학자들이 한국학을 연구하고 교육하는 장소 등으로 다양하게 활용되고 있다.

12

진성이씨 온혜파 종택

대학자를 키운 땅과 집

도산서원 입구에서 고개 하나를 넘으면 나타나는 마을이 온혜 마을이다. 동네의 이름이 온혜(溫惠)인 이유는 마을에 흐르는 개천의 이름이 온계(溫溪)이기 때문이다. 따뜻할 온(溫)이 붙은 이유는 옛날 이곳에 따뜻한 물이 나는 웅덩이가 있었기 때문이다. 이 물이 피부병에 효험이 있다는 소문이 퍼져서 문둥병을 앓는 사람들이 마을로 찾아오자 이를 걱정하는 사람들이 웅덩이를 메워 없애 버렸다는 이야기가 전해 오고 있다. 지금도 온혜에는 '도산온천'이라 부르는 작은 목욕탕이 하나 있는데 물이 좋다고 소문이 나서 많은 사람이 찾아온다.

노송정 안동 도산면 온혜리에 있는 진성이씨 온혜파 종택이 노송정이다. 퇴계 이황의 조부인 이계양이 1454년(단종 2)에 건립했다고 전해진다. 퇴계가 이곳에서 태어나서 '퇴계태실'이라고 부르기도 한다.

퇴계 이황이 태어난 노송정

온혜는 퇴계 이황이 태어난 마을이다. 마을을 감싸고 있는 듯한 송림 아래 고즈넉하게 앉은 고택이 진성이씨 온혜파 종택인 노송정(老松亭)이다. 노송정은 퇴계 이황이 태어난 집이라 하여 '퇴계태실'이라고 부르기도 한다. 이 건물은 1454년(단종 2)에 퇴계 선생의 조부인 이계양(李繼陽)이 건립했다고 전한다.

솟을지붕의 대문인 성림문(聖臨門)을 들어서면 정면에 노송정이 자리하고 좌측으로 ㅁ자형 정침이, 노송정 우측에 사당이 배치되어 있다. 한석봉이 썼다는 노송정 편액은 단정한 글씨로 길손을 맞이한다. 퇴계 이황이 태어난 태실은 안채 가운데 삐죽 튀어나온 건물로 약간 독특한 느낌이 든다. 이곳에서 이황은 팔 남매 중 막내로 태어났다. 어머니가 공자가 대문 안으로 들어오는 태몽을 꾸고 낳았다고 하는데 퇴계의 아버지는 매우 기뻐하면서 집 대문에 '성림문'이라는 이름을 붙였다고 한다. 그러니까 성림문은 퇴계의 탄생 전후에 지어진 것이다.

6칸 넓이의 대청으로 들어가면 여러 개의 편액이 눈길을 끈다. '해동추로(海東鄒魯)', '산남낙민(山南洛閩)'이다. 추(鄒)나라와 노(魯)나라는 맹자(孟子)와 공자(孔子)가 태어난 곳을 말한다. '낙읍(洛陽)'은 중국 송대 신유학의 대가 정명도 · 정이천 형제가 살았던 곳이며, '민중(閩中)'은 송대 성리학을 집대성한 주희(주자)가 살았던 땅이다. '해동'은 우리나라를 뜻하고 '산남'은 안동을 뜻하므로 퇴계가 태어난 이 집과 고장이 공자와 맹자, 정 선생 형제와 주자가 살았던 곳과 다름없다는 의미가 된다. 성리학을 집대성한 퇴계 이황에 대한 자부심이 넘치는 편액이라 할 수 있다.

이황의 형인 온계 이해의 삼백당

이황의 형인 온계(溫溪) 이해(李瀣, 1496~1550)는 20세가 되던 해 노송정에서 분가해 바로 옆에 새집을 지어 살았는데 그곳이 삼백당(三栢堂)이다. 이황의 명성 때문에 크게 알려지지 않은 이해는 당대 사림들과 백성들의 존경을 한 몸에 받던 인재였다. 온계 이해는 1525년(중종 20)에 진사가 되었고, 1528년(중종 23) 식년시 문과에 병과로 급제해 벼슬길에 올랐다. 동생인 이황이 1534년 문과에 급제했으니 이해는 6년 일찍 관직에 오른 선배라고 할 수 있다.

이해는 사간, 정언, 직제학에 이어 경상도 진휼(賑恤) 경차관, 좌승지, 도승지 등을 역임했고, 첨지중추부사, 대사헌, 대사간, 예조참판을 지내고 그해에 또다시 대사헌이 되었다. 인종이 즉위한 뒤에도 계속 대사헌으로 있으면서 권신 이기(李芑)를 우의정에 임명하는 것을 반대했다. 이로 말미암아 이기

삼백당 이황의 형인 온계 이해가 결혼하여 노송정에서 분가해 바로 옆에 새집을 지어 살았던 곳. 1528년(중종 23) 동생보다 6년 먼저 벼슬길에 나아가 사간, 도승지, 대사헌, 예조참판 등을 지냈다. 온계는 당대 사림들과 백성들의 존경을 한 몸에 받던 인재였으나 문정왕후와 윤씨 일가의 득세 시에도 직언을 하여, 귀양길에 병사했다.

의 원한을 사게 되었다. 명종이 즉위하면서 소윤 윤원형의 득세로 이기의 심복인 사간 이무강(李無彊)의 탄핵을 받게 되었고 갑산에 귀양 가는 도중에 양주에서 병사했다. 문정왕후 윤씨가 수렴청정으로 명종을 꼭두각시처럼 휘두르고 외척인 윤원형이 나라의 정사를 제멋대로 휘두르면서 바른 소리 하는 신하는 귀양을 가거나 사사되던 어지러운 시기였다. 퇴계 이황이 벼슬에서 물러나 집으로 돌아온 것은 그러한 정치 형세와 형인 이해의 죽음도 크게 작용했을 것이다.

1895년(고종 32) 명성황후 시해 사건 이후 내려진 단발령에 반발해 예안에서 군사를 모아 의병을 일으킨 의병장 이인화는 이해의 후손이다. 의병 활동을 위한 의병소로서 회의 장소와 숙소로 활용되었던 삼백당은 1896년 일본군의 방화로 소실되었지만 2011년 5월에 복원해 제모습을 되찾았다. 온혜종택에서 북쪽으로 난 길을 따라 쭉 들어가다 보면 용두산 자락에 작은 절 하나가 있다. 이해와 이황이 공부하던 용수사(龍壽寺)다.

퇴계가 공부했던 고찰 용수사

이황의 할아버지 이계양의 시 가운데 "눈 내린 산 깊은 곳 절문 앞에서 찬바람 드는 창문 아래 힘든 공부 되새긴다"는 구절이 있는데, 이 시가 말하는 사찰이 용수사다. 이계양이 자손들을 공부하라고 보낸 절이다. 용수사는 예안지역에서 가장 대표적인 사찰이었다. 신라시대에 건립되었다고 추정되는데 고려 명종 무신 정권 때 실력자인 최선(崔詵)이 세웠다고도 한다.

자세히 들어가 보면 용수사는 의종 2년(1146) 개창되어 의종 19년(1165)에 '용수사'라는 사액이 내려졌다. 그해에 본당과 요사채가 완성되었고 목조 도금 불상을 감실에 모셨다고 한다. 10여 년 후 명종 8년(1178)에 13층 청석탑을 완성하고 화엄법회와 낙성식을 거행했다고 하는데 이후 명종은 의종의 천복(遷福)과 기일재(忌日齋)를 올리는 의식을 용수사에서 시행토록 했다고 한다.

이런 내력은 「용두산용수사사적기(龍頭山龍壽寺事蹟記)」에 나오는 내용인데 이를 토대로 생각하면 용수사가 제법 큰 규모였으며 고려 시절에는 온혜 일대가 용수사에 예속된 큰 고을이었음을 짐작할 수 있다. 조선시대에 숭유억불 정책에 의해 용수사는 쇠퇴했는데 이해와 이황 같은 젊은 유생들에게 이곳은 공부하기 좋은 장소였다. 벽초 홍명희의 소설 『임꺽정』에도 젊은 시절 퇴계가 용수사에서 '이천년'이라는 선생을 만나 『주역』의 깊은 내용을 공부했다는 이야기가 있다.

퇴계가 벼슬에서 물러나 도산서당을 지을 때도 용수사의 스님들이 물심양면으로 도와준 것으로 보아 용수사는 온혜에서 제법 영향력이 큰 사찰이었던 것으로 추정된다. 용수사는 1895년 을미의병이 일어났을 때, 일본군에 의해 소실되었다. 당시 일본군은 참으로 악랄했다. 의병에 관계된 예안의 종가들뿐 아니라 의심이 되는 가옥들까지 일본군에 의해 잿더미가 되었다. 용수사도 예외는 아니었다. 그 후 터만 남은 곳에 승려 원행이 불자들과 힘을 합쳐 1994년에 대웅전과 요사를 건립해 오늘에 이르고 있다.

퇴계의 사상이 살아있는 퇴계종택

264청포도와인 판매점에서 도로를 따라 쭉 가다가 한 굽이를 틀면 퇴계종택을 만날 수 있다. 굽이를 틀기 전 언덕으로 이어진 작은 다리가 있는데 그 길을 따라 고갯길을 넘어가면 도산서원이 있다. 반대로 도산서원 주차장에서 곧장 차를 타고 고개를 넘으면 퇴계종택을 찾아올 수 있는 것이다. 퇴계종택은 퇴계 이황이 분가를 해 지은 집이다. 그러나 1895년 을미의병이 일어났을 때 왜군들의 방화로 모두 타 버렸다. 현재의 종택은 13대손 하정공(霞汀公) 이충호(李忠鎬)가 1926~1929년에 지은 것이다.

야산을 등지고 비교적 평탄한 지형에 동남향으로 앉은 종택 앞에는 '토계(兎溪)'라는 시냇물이 흐르고 있다. 옛날 퇴계 선생이 자신의 호를 집 앞에 흐르는 시냇물 이름을 따서 토계로 하려고 했다. 그런데 친한 친구들이 토끼물이 채신머리없다고 만류했다고 한다. 결국 이황 선생은 토계와 비슷한 퇴계로 호를 정했다고 한다. 지역의 어르신에게 들은 이야기다.

퇴계종택을 찾아가면 종손인 이근필 옹을 만날 수 있다. 연세가 지긋하시지만 손님에게 항상 겸손한 태도로 종가의 가훈과 예법에 관해 말씀해 주신다. 21세기 점점 잊혀져 가는 예(禮)와 선비정신을 가르쳐야 한다고 말씀하시는 이근필 옹을 보면서 조상에 관한 자부심과 확고한 믿음이 느껴졌다.

퇴계종택 뒤에는 도산선비문화수련원이 있다. 2002년부터 시작된 도산선비문화수련원은 현대사회에서도 기억하고 실천해야 할 예의와 선비정신을 함양하기 위한 교육기관이다. 초등학생에서 성인에 이르기까지 입교해 옛사람의 바른 가르침을 배울 수 있다.

유학의 가르침은 크게 세 가지로 나눌 수 있다. 첫 번째는 배움(學), 두 번째는 인간관계(交), 세 번째는 인격 완성이다. 성리학은 성인(聖人)이 되기 위한 학문을 말하는데 배움과 인간관계를 통해 인격 완성을 이루는 것이다. 이를 위해 경(敬)과 애(愛)를 중요시했다. 경천애인(敬天愛人). 하늘을 공경하고 인간을 사랑한다는 말은 성리학의 요체이며 성리학이 추구하는 이상이다. 이 사상을 집대성한 사람이 퇴계 이황 선생이다.

퇴계 묘소 이야기

퇴계 선생의 묘소는 퇴계종택에서 5분 정도 거리에 있다. 안내판이 있고 주차장이 있어서 누구나 쉽게 찾을 수 있다. 주차장에서 내려 계단을 따라 언덕을 올라가다 보면 몇 개의 묘소가 나타나는데 건지산 자락 양지바른 곳에 퇴계 선생의 묘소가 있다. 퇴계 선생의 묘소는 그의 업적이나 영향을 보면 화려

할 것 같지만 의외로 소박하고 단아하다.

1570년 임종을 앞둔 선생은 "내가 죽으면 반드시 조정에서 베푸는 예장을 사양하라. 비석을 세우지 말고 작은 돌의 앞면에 '퇴도만은진성이공지묘(退陶晩隱眞城李公之墓)'만 새기어라" 하고 유언했다고 한다. 퇴계 스스로 묘비명을 쓴 것은 제자나 다른 사람이 쓸 경우 실상을 지나치게 미화하거나 장황하게 쓸까 염려했기 때문이었다. 벼가 여물수록 고개를 숙이듯 사람은 자신을 낮춤으로 고매한 인격이 드러나는 법이다. 퇴계 선생의 경우가 그렇다.

선생의 묘지 아래에는 특이하게 며느리인 봉화금씨의 묘소가 있다. 퇴계 선생에게는 두 명의 아들이 있었는데 첫째 아들의 며느리가 봉화금씨였다. 맏며느리 봉화금씨가 시집왔을 때 퇴계의 집이 가난하다 하여 친정에서 혼수를 대충 해 주었고, 퇴계가 사돈집에 방문했을 때도 냉대를 당해 며느리가 난처한 입장이었다고 한다. 이를 전해 들은 문중 사람들이 분노해 며느리에게 화풀이를 하려 할 때면 퇴계는 그들을 다독이며 맏며느리를 감싸주었다고 한다. 맏며느리인 금씨는 시아버지인 퇴계에게 지성을 다했는데 퇴계는 맏며느리가 자신의 버선이나 옷을 기워 주면 잊지 않고 바늘 같은 선물을 주며 고마움을 표했다고 한다. 이렇게 사랑을 받은 봉화금씨는 시아버님 근처에 묻어 달라는 유언을 했다고 한다.

퇴계의 둘째 아들은 몸이 병약해 장가간 지 3년 만에 21세로 세상을 떠나게 되었다. 이에 퇴계는 둘째 며느리를 개가시켰다고 한다. 당시 양반가에서는 죽은 남편을 위해 절개를 지키는 것이 일상이었기 때문에 재가는 말도 안 되는 이야기였지만 퇴계는 체면이나 윤리관보다는 인간의 행복을 우선시하

퇴계종택과 묘소 퇴계종택은 을미의병 때 일본군의 방화로 소실됐다가 후손이 다시 지었다. 지금은 종손인 이근필 옹이 거주하면서 내방객에게 종가의 가훈과 예법을 말씀해 주신다. 뒤쪽에 있는 도산선비문화수련원에서는 선비정신을 함양할 수 있다. 아래 사진은 대학자의 소박하고 단아한 묘지다.

는 마음을 가지고 있었다. 퇴계의 이러한 일화는 정비석의 『퇴계일화선』에 기록되어 있는데 이런 사상들이 오늘날에도 사람들이 퇴계의 학문을 공부하는 이유가 아닐까 생각해 본다.

퇴계 선생의 묘소 아래에는 동암종택이 자리 잡고 있는데 이 집은 퇴계 이황의 손자인 동암 이영도와 그의 아들 수졸당 이기의 종택이다.

마을의 길모퉁이에는 비석 하나가 서 있는데 하계마을 독립운동 기념비다. 산을 등지고, 지금은 물이 굽이쳐 잠긴 그곳에 본래 마을이 있었는데 '하계마을'이라고 불렀다. 안동댐 건설로 수몰된 이 마을에서 향산 이만도 선생을 비롯한 25명의 독립운동가가 배출되었다. 한 마을에서 25명의 독립운동가가 나오기는 쉬운 일이 아니다. 이에 수몰로 사라진 하계마을의 독립운동가들을 기리는 뜻으로 기념비를 세워 놓은 것이다.

13

이육사문학관

항일시인 이육사의 기록

하계마을 독립운동 기념비가 있는 곳에서 언덕 하나를 넘으면 이육사문학관과 원촌마을이 나타난다. 원촌마을은 시인이자 독립운동가였던 이육사가 태어나 어린 시절을 보낸 마을이다. 건지산 남쪽 기슭에 자리해 적당히 높은 산이 포근하게 마을을 감싸고 있으며 앞으로 넓은 들판이 자리하고 청량산에서 흐르는 낙수가 흘러가는 전형적인 배산임수의 마을이다. 원촌은 퇴계 이황의 5세손인 원대(遠臺) 이구(李榘, 1681~1761) 선생이 개척한 진성이씨들의 집성촌이다.

이육사가 살던 집은 원촌마을의 서쪽, 현재 육사 시비가 있는 곳이다. 이육사의 집은 1934년 갑술년 대홍수로 일부가 소실되어 내려오다가 1975년 안동댐 건설로 해체되면서 안동 시내 태화동 포도골 산비탈에 옮겨졌다. 하지만 포도골에 위치한 이육사 생가는 기존의 모습과 확연하게 다른 형태로 지어져 논란이 되었고 관리도 여의치 않아서 2004년 이육사문학관 옆에 복원되었다.

39년의 짧은 생애와 17번의 옥살이

육우당(이육사 생가)에는 육사 선생의 외동딸인 이옥비 여사가 거처하면서 길손들에게 이육사 선생에 관한 추억담을 이야기해 주시곤 한다. 복원된 생가 앞에 있는 이육사문학관은 시인이자 독립운동가인 이육사 선생의 문학과 그의 치열했던 삶을 후세에 기억하기 위해 2004년 이육사 선생의 탄신 100주년을 맞아 안동시가 개관한 것이다.

이육사의 본래 이름은 이원록이다. 그가 육사라는 이름을 가지게 된 것은 이유가 있다. 1926년 베이징에 있는 중국 대학교에서 7개월간 재학하다가 1927년 귀국한 이육사는 조선은행 대구지점 폭파사건에 연루되어 대구형무소에서 1년 7개월 동안 옥고를 치르게 된다. 대구형무소 수감 당시 죄수번호가 264번 혹은 64번이었기 때문에 육사라는 호가 나왔다고 한다. 이육사는 엄혹했던 일제강점기에 39년의 짧은 생애를

이육사 본명은 이원록. 중국 대학교에서 공부하다가 1927년 귀국하여 조선은행 대구지점 폭파 사건에 연루되어 수감된 대구형무소 수감 당시의 죄수번호가 64번 혹은 264번. 이육사는 엄혹했던 일제강점기에 39년의 짧은 생애를 살면서 17번의 옥살이를 할 정도로 독립운동에 투신했다.

살면서 17번의 옥살이를 할 정도로 독립운동에 투신한 인물이다. 1943년 4월 육사는 중국에서 무기를 들여오는 일에 관여했다는 이유로 동대문경찰서 형사들에게 체포되어 베이징 일본영사관 감옥에서 순국하셨다. 그가 겪은 무수한 고문과 고통을 어찌 말로 형용할 수 있겠는가.

육사의 저항시는 아직도 많은 사람에게 나라를 빼앗긴 설움과 한, 그리고 독립에의 희망을 들려주는 듯하다. 이육사문학관 전시장에는 이육사 선생의 유물과 유품 등이 전시되어

광야(曠野)

까마득한 날에
하늘이 처음 열리고
어데 닭 우는 소리 들렸으랴

모든 산맥(山脈)들이
바다를 연모(戀慕)해 휘달릴 때도
차마 이곳을 범(犯)하던 못하였으리라

끊임없는 광음(光陰)을
부지런한 계절이 피어선 지고
큰 강(江)물이 비로소 길을 열었다
지금 눈 내리고
매화 향기 홀로 아득하니
내 여기 가난한 노래의 씨를 뿌려라

다시 천고(千古)의 뒤에
백마(白馬) 타고 오는 초인(超人)이 있어
이 광야에서 목놓아 부르게 하리라

– 이육사, 『육사시집』, 1946

있으며 1층에는 유명 작가들의 작품들과 이육사 선생이 옥고로 고초를 겪었던 감옥이 재현되어 있다. 최근에는 육사 선생의 묘소도 이육사문학관 옆으로 이장되어 문학관을 찾는 관광객들이 참배를 할 수도 있다.

시가 술로 변한 청포도와인 판매점

온혜에서 온계천 물길을 따라 내려가다 보면 전봇대처럼 우뚝 솟은 광고판에 '264청포도와인'이라는 글귀를 만날 수 있다. 넓은 주차장으로 들어서면 264청포도와인 판매점과 언덕 위에 작은 포도밭을 볼 수 있다. '청수'라는 청포도를 키우는 포도밭이다.

264청포도와인은 항일 독립운동가이며 항일시 「청포도」로 유명한 이육사 시인의 고장에서 재배한 국산 청포도 '청수' 품종으로 빚은 화이트와인이다.

'264'는 수인번호이며, 이후 이를 필명으로 사용하면서 이육사라는 이름으로 더욱 널리 알려지게 되었다. 이육사는 술을 잘 마셨던 호주가였다. 이에 착안해 이육사문학관과 원천리 농가가 MOU를 맺어 264청포도와인이 시작되었다. 청포도 생산 농가의 대표였던 이동수 씨가 2016년도부터 양조를 시작하면서 264청포도와인이 생산되었는데 현재는 농가

이육사문학관 안동시 도산면 백운로에 있다. 선생의 생가는 안동댐이 건설되면서 수몰되어 태화동 산비탈에 옮겨졌다가 2004년 이육사문학관 옆에 복원되었다. 최근에는 묘소도 문학관 옆으로 이장되어 관광객들이 참배할 수 있다. 도로 아래쪽에 주차장과 너른 들이 있다.

10가구가 청포도 농사를 짓고 있다고 한다. 와인의 원료로 사용한 청수 품종은 농촌진흥청에서 개발한 국산 품종이며 우리 기후와 풍토에 적합하게 개량되어 추위에 강하고 양조 적성이 뛰어나다고 한다.

이 지역은 여름에는 무덥고, 겨울에는 추위가 강해 '청수' 재배에 적합하다. 더구나 껍질을 제거하지 않고 껍질째 발효하는 양조 방식을 택하고 있어서 단맛, 신맛과 함께 묘한 쓴맛을 지니고 있다고 한다. 청수 특유의 고유한 향을 드러내기 위해 오크통이 아닌 스테인리스 탱크에서 숙성하는데 연한 황금색을 띤 깔끔하고 정제된 빛깔을 가지고 있다. 화강암이 부서져 생성된 척박한 마사토 토양에서 혹독한 기후를 지녔지만, 이를 극복하고 자라난 청포도로 빚어낸 264청포도와인이 지닌 특유의 거친 느낌은 이육사 시인의 고달픈 삶을 표현하는 듯하다.

판매점으로 들어가면 청포도와인을 시음할 수도 있다. 264와인은 백포도주로 종류도 다양하고 맛도 다양하다. 청포도와인은 씁쓸하지만 달고 신맛이 적절하게 조화된 깔끔한 맛이 난다. 필자는 그것을 '독립운동의 맛'으로 표현하기도 했다. 264청포도와인은 2022년 대한민국 주류대상에서 대상을 수상했는데 한번 맛을 본 사람들이 다시 찾아서 요즘엔 물량이 달린다고 한다. 여러 상품 중에서 '절정'이 제일 인기 있다고 하는데 먼 길 구경 왔다 가는 길에 깔끔한 264청포도와인 하나 구입해서 시음해 보는 것도 나쁘지 않을 것 같다.

14

고산정

사제 간의 정이 가득한 정자

청량산을 굽이굽이 돌아내려 오다가 가송리 마을 건너편에서 만날 수 있는 고산정은 한 편의 그림 같은 정자이다. 정자는 외병산과 내병산으로 둘러싸여 있고 정자 앞으로는 맑은 강물이 흐른다. 강물 앞에는 우뚝 솟은 돌산 하나가 있는데 이것이 고산(孤山)이다. 서쪽을 바라보면 흘러가는 물줄기가 마치 첩첩산중으로 들어가는 것처럼 보인다.

인기 드라마였던 〈미스터 션샤인〉의 무대가 되기도 했던 고산정은 천 길 낭떠러지 강물 앞에 아담한 정자 하나가, 물속에 또 하나의 정자를 그려내는 아름다운 정자다. 이 정자는 성재(惺齋) 금난수(琴蘭秀)가 가송협에 지은 정자로 일동정사(日

고산정 경북 안동시 도산면에 있는 정면 3칸, 측면 2칸의 누각. 퇴계 이황의 제자인 금난수가 안동 선성(宣城:안동 예안현의 별칭)의 경치 좋기로 유명한 청량산 암벽 옆에 지었다. 푸른 산을 뒤로 하고 앞으로는 맑은 물이 흘러 보기만 해도 호젓하고 아름답다. 고산정에 걸려 있는 현판을 보면 퇴계가 30살 차이가 나는 금난수를 아꼈으며 고산정을 자주 찾아왔음을 알 수 있다.

洞精舍)라고 부른다. 금난수는 봉화금씨로 대대로 이 지역에서 살아온 세력 있는 가문의 후손이었다. 그는 어려서 청계 김진의 문하에서 수학했고, 성장해서는 퇴계 이황의 문하에 들어가 학문을 배웠다.

도산서당이 1560년에 지어졌으니 금난수가 30세가 되던 해에 퇴계 선생에게 수학했다고 볼 수 있다. 이듬해인 1561년, 금난수는 사마시에 합격해 벼슬살이하다가 노모를 봉양하기 위해 사직하고 고향으로 내려왔다. 2년 후(1563), 금난수는 청량산 기슭에 고산정이라는 아름다운 정자 하나를 지었다. 금난수가 34세 되던 해였다. 『성재선생연보』에는 고산정을 만들게 된 기록이 전한다.

> "가을에 일동정사를 지었다. 바로 고산정이다. 치솟아 있는 절벽을 끼고 깊은 물웅덩이를 내려다보니, 수려하고 깊고 그윽해 선성 명승 중의 하나이다. 선생은 항상 경전을 끼고 들어가 머물렀는데, 고요함 속에서 스스로 깨닫는 바가 있었다. 그곳은 푸른 절벽이 치솟아 있고, 고산과 대치하고 있으며 가운데에는 징담(澄潭)이 있어서 작은 배를 갖추고 위아래로 노닐며 흥취를 돋울 수 있으니, 낙동강의 명승 중 한 곳이다."

금난수는 강 건너 정자와 마주하고 있는 불뚝 솟아난 돌산의 이름을 '고산(孤山)'이라 칭하고 이 돌의 이름을 따서 자호를 '고산주인(孤山主人)'이라 했다.

고산정 정자 마루에는 명사들의 시가 걸려 있는데 그 가운데 퇴계 이황의 시가 눈에 들어온다.

日洞主人琴氏子　일동 주인 금난수란 이가
隔水呼問今在否　지금 있는지 강을 사이에 두고 물었네
耕夫揮手語不耳　밭 가는 이는 손사래 치며 말이 들리지 않는 듯하네
悵望雲山獨坐久　구름 낀 산을 시름없이 바라보며 홀로 앉아 기다렸네

퇴계 이황이 청량산에 가는 길에 강 건너 고산정 주인 금난수의 안부가 궁금했던 듯하다. 퇴계가 강 건너 밭 가는 이에게 물어보니 농부가 못 들은 척 딴청을 부린다. 무안해진 퇴계는 홀로 앉아 금난수를 기다리며 구름 낀 산을 바라보았다는 것이다. 퇴계는 제자들 가운데 가까운 곳에 사는 금난수를 좋아했던 모양이다. 시를 읽다 보면 재미있는 정경이 그려져 자연히 웃음을 짓게 된다.

더 보기 :
농암종택 : 실천하는 효도의 끝판왕

고산정에서 물길을 따라 내려가다 보면 농암종택이 나온다. 이곳은 조선시대 청백리이자 명신인 농암(聾巖) 이현보((李賢輔 : 1467~1555)가 살았던 고택이다. 농암 이현보는 1498년(연산군 4) 식년문과에 급제해 벼슬살이를 시작했고, 정언으로 있을 때 임금에게 바른 소리를 하다가 죽음의 문턱까지 갔다가 살아온 인물이다. 이현보는 유달리 얼굴이 철색이었다. 궁궐에서 방탕한 생활을 즐기던 연산군은 바른 소리를 하는 신하들을 미워해서 술자리에 흥이 나면 생각나는 신하들을 잡아 죽이도록 했다고 한다. 정언이던 이현보가 바른 소리를 일삼다가 의금부의 감옥에 갇혀 있을 때다.

하루는 대낮부터 흥청망청 술에 취해 놀던 연산군의 뇌리에 문득 이현보가 생각났다. 그런데 술에 취해 이름은 생각이 나지 않고 얼굴이 시커멓다는 것만 떠올랐다.

"너 이 길로 의금부 감옥에 가면 얼굴이 시커먼 흉악한 놈이 있는데 그놈의 목을 베 오너라."

지엄한 명이 떨어지자 금부도사가 지체 없이 감옥으로 들어가니 마침 얼굴이 시커먼 자가 둘이 있었다고 한다. 하나는 이현보이고 다른 하나는 강도 짓을 저지른 죄인이었다. 금부도사가 연산군의 말을 곱씹어 보다가 설마 이현보가 흉악범일 리 없다고 생각해 강도의 목을 베어 가져다 바쳤다. 연산군이 다음날 술이 깨어 금부도사가 바친 강도의 목을 보곤 너털웃음을 지으며 이현보가 명줄이 길다 하고 안동으로 귀양을 보냈다. 이후 중종반정으로 연산군이 물러난 후 신원이 회복된 이현보는 지방관리를 전전하며 선정을 베풀다가 늙은 부모님을 모시기 위해 벼슬을 그만두고 고향으로 돌아오게 된다.

이현보의 호는 농암인데 귀머거리 바위를 말한다. 원래 살던 분천리 분강 가에 비스듬히 한쪽으로 물에 잠긴 채 누워 있는 높이가 여남은 길이 넘는 큰 바위를 말한다. 세찬 강물 소리에 아래서 불러도 바위 위에서는 그 소리가 들리지 않는다 하여 '귀머거리 바위'라고 했는데 세상 명리에 못 들은 척 살고 싶은 마음에 이현보가 그것을 자신의 호로 삼았던 것이다. 이현보는 46세 되던 해에 귀거머리 바위 위에다 어버이의 쉼터인 '애일당(愛日堂)'이라는 별채를 지었다. 당호를 애일당으로 지은 것은 한나라 양웅의『효지』에 이른바 "이 세상에서 오래 할 수 없는 것은 어버이를 섬기는 것이니, 효자는 하루하루를 아낀다(一不可得而久者 事親之謂也 孝子愛日)"는 구절에서 가져왔다. 부모님의 남은 날을 아깝게 여겨 돌아가시는 날까지 하루하루 정성을 다해 효도하겠다는 뜻이다.

이현보는 이 집에서 양친을 모시고 동생들과 더불어 색동옷을 입고 술잔을 올려 부모님의 마음을 기쁘게 했다고 한다. 그는 여기에 그치지 않고 노인들의 장수를 축하하는 양로연(養老宴)을 열었다. 1533년 가을 '애일당구로회'를 시작으로 해마다 양로연을 열었으며 그 풍속은 현재에도 이어지고 있다.

양로연은 장수한 노인들을 대접하는 자리로 양반과 평민의 구별이 없었다. 또한 관직의 유무도 크게 중요하지 않았다. 안동의 '나이는 숭상하나 관직은 숭상하지 않는다'는 풍속에서 나온 말이다. 이현보는 이렇게 자신의 효도를 가정에서 이웃으로 고을로 확장해 아름다운 미풍양속을 만들었다. 이현보의 부친 이흠은 100세에 가까운 천수를 누렸으며 이현보는 89세에 귀천했다. 환갑을 넘기기 어려웠던 그 시절에 굉장한 장수를 누렸다고 할 수 있다.

이 집에는 '적선(積善)'이라는 편액이 걸려 있는데 '선행을 쌓은 집안에는 반드시 남은 경사가 있다(積善之家 必有餘慶)'라는 뜻으로 선조가 이현보의 효행에 감동해 직접 하사했다고 한다.

원래 농암이 살던 농암종택은 분천마을에 있었다. 안동댐 건설로 인해 마을이 수몰되면서 지금의 도산면 가송리로 옮겨오게 되었다. 이현보를 모시는 분강서원도 함께 옮겨져서 같은 공간에 있다. 가송리 역시 풍경이 수려해 여행객들이 찾아와 경치를 구경할 만한 곳이다. 청량산을 바라보는 농암종택은 낙동강과 절벽, 은빛 모래사장이 조화롭게 어울려 도산 9곡의 비경이 잘 간직되어 있기 때문이다. 가까운 곳에 고산정과 공민왕 유적, 월명담과 벽력암, 학소대 등의 명소들이 있어서 구석구석 볼거리들이 많다.

농암 이현보 농암은 '귀머거리 바위'라는 뜻. 식년문과에 급제해 사헌부 정언으로 벼슬살이를 시작한 이후 직언으로 연산군의 미움을 사서 귀양길에 올랐다.

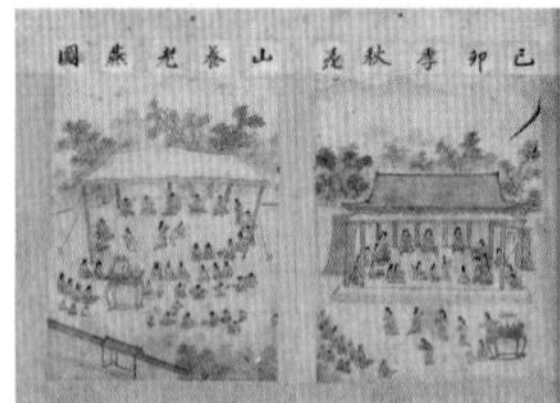

애일당의 양로연 농암이 사직하고 고향에 돌아와 부모님을 하루하루 잘 모시겠다는 뜻의 애일당을 짓고 부모님 봉양은 물론 동네 어른들을 위한 잔치를 열었다.

15

봉정사 · 광흥사

가장 오래된 화엄고찰과 『훈민정음해례본』이 나온 절

천상의 선녀가 바위굴에서 도를 닦고 있던 의상대사의 도력에 감복해 하늘에서 등불을 내려 골 안을 환하게 밝혀 주었다는 전설의 천등산. 그 산속에 천년고찰 봉정사가 있다. 봉정사는 신라 문무왕 때 의상대사가 창건했다는 설과 의상대사의 제자인 능인대덕이 창건했다는 설이 있다. 신라 문무왕 12년(672)에 능인대덕이 수도를 한 후 도력으로 '종이 봉황'을 만들어 날렸는데, 이 종이 봉황이 앉은 곳에 절을 짓고 봉황새 봉(鳳) 자에 머무를 정(停) 자를 따서 '봉정사'라고 이름 지었다. 봉정사가 누가 창건한 것인지는 중요하지 않다. 봉정사는 신라의 삼국통일 이후 전쟁으로 지친 백성들과 지배층에게 부처님의 가르침으로 위안을 주고자 했던 의상의 화엄 사상이 함축된 사찰이라는 사실이 중요하다.

화엄 사상

화엄 사상은 『화엄경(華嚴經)』을 근본 경전으로 하며, 천태종(天台宗)과 함께 중국 불교의 쌍벽을 이루는 화엄종(華嚴宗)에서 비롯된 사상을 말한다. 전 세계가 일즉일체(一卽一切) · 일체즉일(一切則一)의 무한의 관계로 연결되어 있으며 이 세계와 우주, 인간을 여섯 가지 모습(총상總相 · 별상別相 · 동상同相 · 이상異相 · 성상成相 · 괴상壞相)으로 설명하려는 이론이다. 이 여섯 가지의 모습은 서로 밀접한 관련을 지니고 있고, 서로 대칭하고 있다는 것이다. 요즘 마블 시리즈의 세계관으로 자주 나오는 다중우주와도 비슷하다. 다만 화엄경에서는 '육상'이 완성된 모습을 인간이 이룩해야 하는 목표로 설정하고 있다. 이 목표가 완성된 상태를 '법계(法戒)'라고 하는데 완전한 진리가 구현된 세계이다. 한마디로 깨달음을 통한 진리 세계의 구현이 화엄 사상의 목표이다. 화엄의 가르침은 서로 대립하고 항쟁을 거듭하는 국가와 사회를 정화하고, 사람들의 대립도 지양함으로써 마음을 통일하게 하는 교설이었다. 그것은 동시에 삼국을 통일한 통일신라에서 필요한 사상이기도 했다.

의상대사는 중국에서 화엄종을 들여와 퍼트렸는데 천등산 봉정사에도 화엄의 꽃이 피어났다. 기록에 따르면 조선 초 당시 봉정사는 『팔만대장경』을 보유했으며, 500여 결(1만여 평)의 논밭과 100여 명의 스님이 안거하던 대찰이었다고 한다. 봉정사 근처에 옛 암자 주춧돌 흔적이 과거의 영화를 말해 주고 있는데 참선도량(參禪道場)으로 부속 암자가 아홉 개나 있었다고 한다.

유네스코 세계문화유산인 봉정사 극락전

봉정사 극락전은 1972년 실시된 해체 복원 작업 중 발견된 상량문에 고려 공민왕 12년(1363) 극락전의 옥개부를 중수했다는 기록이 있어, 가장 오래된 목조건물로 인정받아 국보 15호로 지정되었다. 2018년에는 유네스코 제42차 세계유산위원회에서 '산사(山寺), 한국의 산지승원'이라는 명칭으로 천 년 넘게 우리 불교문화를 계승하고 지킨 종합 승원 일곱 곳 가운데 하나로 그 문화적 가치를 인정받아 한국의 열세 번째 유네스코 세계문화유산으로 등재되었다.

매표소 입구에서 언덕으로 난 길을 한참을 올라가면 '천등산봉정사'란 현판이 붙은 일주문이 나오고 산 위에 절 한 채가 고즈넉하게 서 있다. 큰 절에는 유난히 큰 나무들이 많다. 좋은 기운이 있다는 것을 증명하듯이 울창한 고목들이 손을 뻗어 반기는 듯 보인다. 용처럼 구부러진 소나무를 뒤로 하고 계단을 오르면 2층 누각이 나오는데 고개를 들면 천등산봉정사라는 현판과 '나무아미타불'이라는 현판을 동시에 볼 수 있다. 대들보 아래에 묶인 목어가 날카로운 이빨을 드러내고 있다. 이곳을 '만세루'라고 한다. 과거에는 '덕휘루'라고 불렸는데 언제부터 만세루가 된 것인지는 알 길이 없다. 만세루 계단 문지방이 특이하다. 많이 휘었다. 구부러진 마음을 돌아보라는 뜻인지도 모르겠다. 만세루 계단을 올라 경내로 들어가면 대웅전이 바로 보인다. 좌우로 화엄강당과 승방인 무량해회가 있다. 특이한 것은 대웅전 앞에 툇마루가 있다는 것이다. 절은 단청이 퇴색되어 더 오래된 건물처럼 보인다.

대웅전 안에는 다른 절처럼 세 분의 석가모니불이 모셔져 있다. 본존불인 석가모니불 좌우로 관음보살과 지장보살이 있다. 삼존불 뒤에 후불탱화는 아마타불이 서방정토 극락세계에서 설법하는 모습을 그린 그림이다. 대웅전 좌우의 화엄강당은 종무소로 쓰이고 있고, 무량해회는 스님들의 거주 공간으로 쓰이고 있다.

봉정사에서 가장 유명한 곳은 극락전이다. 현존하는 목조 건물 중 가장 오래된 것으로 학교에서 배운 기억이 있을 것이다. 본래 우리나라에서 가장 오래된 목조건물은 부석사 무량수전이었다.

1972년 이곳을 해체해 수리하는 과정에서 1363년 지붕을 중수했다는 묵서가 발견되었다. 목조건물은 대략 150년마다 중수를 하기에, 극락전은 적어도 1200년대 초반에 건립된 건물이라고 볼 수 있었다. 이 때문에 가장 오래된 목조건물의 타이틀이 부석사 무량수전에서 봉정사 극락전으로 바뀌게 된 것이다. 노란색 벽에 맞배지붕을 한 보잘것없는 불당이 하루아침에 가장 오래된 목조건물로 인정받으면서 봉정사는 덩달아

봉정사 극락전 2018년 '산사(山寺), 한국의 산지승원' 가운데 하나로 세계문화유산으로 등재되었다. 봉정사는 능인대사가 통일신라시대 672년에 창건한 신라 고찰. 이곳의 극락전은 영주 부석사 무량수전과 더불어 우리나라에서 가장 오랜된 목조건물(1200년 초)로 간결하면서도 강한 아름다움이 있다.

유명해졌다. 극락전에는 아미타불만 봉인했으며 후불탱화는 관음보살과 대지보살이 협시하고 있는 아미타삼존도가 걸려 있다. 덩치가 작은 건물이라 내용도 소박하다.

극락전 앞에는 3층석탑과 돌무더기가 어지럽게 쌓여 있다. 1999년 영국 여왕 엘리자베스 2세가 봉정사에 방문하면서 3층석탑 앞에서 축원하면서 기와 조각으로 돌탑을 쌓은 이래 봉정사를 방문하는 사람들이 돌을 쌓아 만든 소망의 돌무지탑이다. 가장 오래된 목조건물 앞에 가장 최근에 만들어진 돌탑이 공존하고 있다.

『훈민정음해례본』이 나온 광흥사

학가산(鶴駕山)은 백두대간의 옥돌봉에서 분지한 문수지맥으로 안동의 진산이며 영주의 앞산이고 예천의 동산으로 세 고을의 경계를 이루고 있다. 학가산의 남쪽으로는 낙동강이 흐르고 북쪽 발치에는 내성천이 휘돌아 옛날부터 이름난 산이었다. 학가산은 날아가는 학처럼 생겼다고 해 붙여진 이름이지만 영주에서는 정상이 평평하다고 선비봉, 예천에서는 수려한 인물 같다고 인물봉으로 불린다. 학가산 남쪽 기슭에 자리잡은 광흥사(廣興寺)는 신라 신문왕 때 의상대사가 창건했다고 전해지는데 학가산의 주봉에서 한번 꺼졌다가 솟아난 줄기가 좌우로 갈라진 가운데 지점에 있다.

절은 산 깊은 곳에 있다. 골짜기를 따라 올라가면 길 좌우로 푸른 소나무가 빽빽하게 서 있고 학가산 일주문 뒤에는 440년 수령의 은행나무가 기세 좋게 서 있다. 은행나무 뒤에는 단청이 아름다운 광흥사 대웅전이 서 있는데 본래 큰 사찰이었지만 1827년에 가람 전체가 불에 타고 응진전만 남아 있었다고 한다. 불심이 깊은 시주들이 돈을 모아 다시 중창했지만 1946년 화재로 대웅전이 무너지고 1954년에는 극락전이 무너지면서 화를 입지 않은 응진전(應眞殿)이 광흥사의 중심 불전이 되었다.

불교 사찰의 전각은 전각 가운데 있는 불상에 따라 이름이 결정되는데 석가모니불이 주불이 되면 대웅전이라 부르고, 아미타불이 주불이 되면 극락전이라 부른다. 응진전은 석가모니불과 그 제자인 나한(羅漢)들을 모시는 불전이다. 나한은 '아라한(阿羅漢)'을 줄인 말이다. 나한은 불자가 수행해서 최고가 되는 이상적인 상을 말한다. 수행의 결과에 따라 범부(凡夫), 현인(賢人), 성인(聖人)의 순서로 칭해지며 성인 가운데 최고의 깨달음에 도달하면 아라한이라 칭하는 것이다. 쉽게 말해 나한은 불자가 성불한 인물들을 말한다.

광흥사 응진전에는 석가여래를 중심으로 양옆에 미륵보살

학가산 광흥사 일주문 광흥사는 조선 세조 때 간경도감이 있었던 곳. 훈민정음 창제에 기여했던 학조·학열 스님은 신미대사와 함께 세조의 신임을 받아 『월인석보』를 간행했다. 2008년에 『훈민정음해례본』이 세상에 나오면서 소유권 분쟁에 휩싸였다. 소송 과정에서 광흥사 명부전에서 훔쳤다는 증언이 나오면서 광흥사의 가치가 주목받게 되었다.

과 제화갈라보살을 모셨으며 그 옆에 아난과 가섭이 서 있다. 흙을 이겨 만든 다섯 개의 불상이라 하여 '소조석가여래오존상(塑造釋迦如來五尊像)'이라고 부른다.

불전 입구 좌우에는 인왕상과 사자상, 제석천상이 각각 서 있고 16나한상과 동자상을 불전 벽에 빙 둘러 중앙에 있는 석가여래오존상을 보호하는 것처럼 배치했다.

16나한의 이름은 '빈도라발라타사, 가락가벌차, 가락가발리타사, 소빈타, 낙거라, 발타라, 가리가, 벌서라불다라, 수박가, 반탁가, 나호라, 나가서나, 인게타, 벌나파사, 아시다, 주다반탁가'이다. 응진전에 있는 불상은 총 42구로 다른 불전에 비해 많은 숫자인데 전체 불상들을 흙으로 만들었고, 임진왜란 이전에 제작된 16세기 불상의 특징을 보여주는 희귀한 사례이다.

광흥사가 세간의 주목을 받게 된 것은 『훈민정음해례본(訓民正音解例本)』 덕분이다. 원래 1962년 지정된 국보 70호 『훈민정음해례본』은 간송 전형필이 기와집 열 채 값을 주고 확보한 것이다. 그런데 2008년 7월 30일 상주에서 동일본으로 추정되는 또 하나의 『훈민정음해례본』이 세상에 나왔다. 현재 소유권 분쟁에 휩싸인 이 책은 소송 과정에서 광흥사 명부전에서 훔쳤다는 증언이 나오면서 광흥사의 가치가 주목받게 되었다.

광흥사는 조선 세조 때 간경도감(刊經都監)이 있었던 경상도 북부지역의 대표적 사찰로, 특히 불교 경전을 한글로 번역하고 판각을 만들어 책을 배포하던 거점 사찰이었다.

훈민정음을 창제한 세종대왕의 조력자 가운데는 아들인 문종과 세조가 있고 신미대사 · 수미 · 학조 · 학열 스님이 있었다. 이 가운데 학조 스님은 안동 출신으로 안동 김씨 김선평의 후손이다. 그는 풍산의 금산(지금의 소산마을)에 살다가 학가산 중대사에서 출가해 광흥사와 각별한 관계를 지속했다고 한다. 이후에도 학조는 세조의 신임을 받아 신미, 학열과 같이 『월인석보(月印釋譜)』를 간행했고, 중종 9년(1514) 학가산 광흥사 애련암(愛蓮庵)에서 입적했다.

2013년 광흥사가 『훈민정음』의 간행과 반포에 깊은 관련이 있을 것이라는 학자들의 의견에 따라 더 적극적인 조사가 시작되었다. 이때 광흥사 명부전 시왕상 복장에서 고려 말과 조선 세조 때 고문적 200여 건이 나왔다. 그 가운데 『월인석보』 한 권은 현재까지 동일한 내용이 없어 초간본으로 추정되고 있다. 광흥사 대웅전과 극락전이 화재를 입지 않았다면 더 많은 유물과 단서가 나왔을지도 모른다. 안타까운 일이다.

16

제비원 미륵불 · 법흥사지 7층전탑

성주 신앙의 모태

안동에서 영주로 가는 5번 국도를 따라가다 보면 눈앞에 거대한 불상 하나를 발견하게 된다. 안동시 이천동에 있는 마애여래입상이다. 흔히 '제비원 미륵불'이라고 부르는데, 〈성주풀이〉에 언급될 정도로 안동 사람들과 친근하다.

성주야 성주로구나
성주 근본이 어디메뇨.
경상도 안동 땅에 제비원에 솔씨 받아
소평 대평 던졌더니
그 솔씨가 자라나서

밤이 되면 이슬 맞고

낮이 되면 태양 맞아

그 솔씨가 자라나서

소보동이 되었구나

소보동이 자라나서 대보동이 되었구나

그 재목이 왕장목이 되었구나

–안동 〈성주풀이〉의 한 대목

집터를 관장하는 성주신을 기리는 성주풀이에서 나오는 대목이다. '성주'는 집을 지키는 가신을 말하며 건물의 뼈대가 되는 대들보와 기둥이 되는 나무를 말하기도 한다. 민요의 뜻을 설명하자면 집의 건물을 수호하며 가신(家神) 가운데 맨 윗자리를 차지하는 성주신이 제비원의 솔(소나무) 씨앗으로부터 비롯된다는 것이다. 제비원은 한양을 갈 때 지나가는 길목에 있는 숙박시설이 있던 곳이다. 원(院)은 조선시대에 공무로 출장을 가는 관리들이 숙식을 해결하고 말을 빌리는 객사였다. 안동소주를 설명하며 잠시 언급한 바 있지만 안동에서는 예로부터 '제비원'이라는 상호를 많이 썼다. 상점도 제품도 제비원이 흔했다. 서쪽을 바라보며 우두커니 있는 제비원 미륵불은

제비원 미륵불 보물 제115호 이천동 석불. 안동 연미사에 있는 마애여래입상으로 건립 연대는 고려시대로 추정된다. '제비원'이란 사찰 옆에 있던 숙박시설을 말한다. 이 석불과 관련된 많은 전설이 있고 예로부터 안동 사람들에게는 친숙한 부처님이다.

하회탈과 더불어 안동의 상징이기도 했다. 이런 제비원에는 몇 가지 전설이 전해진다.

안동 제비원의 전설

제비원에는 일찍 부모를 여의고 고아가 된 '연이'라는 소녀가 심부름을 하며 살고 있었다. 소녀는 얼굴과 마음씨가 곱고 상냥해서 모두가 좋아했다. 길손은 물론이거니와 이웃 총각들도 연이를 짝사랑했다. 이웃 마을에 부자인 김씨 총각도 연이를 사모했다. 그러다 꿈속에서 비명횡사해서 저승에 간다. 염라대왕은 총각이 살아생전 악행을 많이 쌓았으므로 다음 생에는 소로 태어날 터이지만, 이웃의 연이에게는 선행의 창고가 가득 쌓여 있으니 살고 싶으면 연이의 재물을 빌려 보라고 했다. 꿈에서 깬 후 총각은 염라대왕의 말을 따라 연이의 선행 창고에 쌓인 것을 빌려 선행을 베풀었다. 세월이 흘러 옛 은혜에 보답하고자 김 씨 총각이 전 재산을 기부하자, 연이는 그 재물로 연미사를 지었다.

또 다른 설화는 법당을 짓던 목수(대목)가 마지막 기와를 덮다가 떨어져 그 혼이 제비가 되어 날아갔다고 해서 연비사(燕飛寺)가 됐다는 것이다. 또 다른 설화는 연이가 38세에 죽자, 바위가 갈라지면서 큰 돌부처가 생겨났는데 사람들은 이

돌부처를 연이의 혼이 미륵불로 환생했다고 여겼다. 옛날 임진왜란 때 원군을 이끌고 조선에 온 명나라 장수 이여송이 제비원을 지날 때 발이 움직이지 않아서 불상의 목을 쳐서 잘랐다는 전설도 전해진다. 인기가 많아서인지 제비원에 관련된 전설이 꽤 많은 편이다.

성주 신앙의 모태

제비원 미륵불이 만들어진 때는 정확하지는 않지만 고려시대로 추정하고 있다. 이 불상은 거대한 화강암 벽에 부처님의 전신을 새겼는데 부처님의 머리(佛頭)를 따로 제작해서 붙여 놓았다. 서쪽 하늘을 바라보며 그윽하게 미소 짓는 제비원 미륵불은 혼란했던 사회상을 반영한다. 미륵불은 석가모니가 세상을 떠난 지 56억 7,000만 년 후 지상에 내려와, 석가모니가 미처 구하지 못한 중생들을 구원한다고 한다. 제비원 미륵불은 아주 먼 옛날, 어지러운 정치와 탐관오리들의 횡포에 신음하던 민초들이 내세의 행복과 평화를 기원하며 만들어 놓은 것이 아닐까?

과거에는 제비원 석불 앞에 영주로 가는 2차선 길이 있었는데 5번 국도가 크게 나면서 지금은 땅을 메워서 제비원 일대를 '솔씨공원'으로 지정해 놓았다. 자동차의 통행이 줄어서 과거보다 한산한 느낌이 든다. 미륵불 옆에 있던 연미사도 공사로 규모가 커져서 예전의 모습과는 달라졌다. 솔씨공원에서는 해마다 성주풀이 공연 등 여러 가지 문화 행사를 하고 있다. 제비원 미륵불도 마냥 심심하지는 않을 것 같다.

법흥사지 7층전탑

법흥사지 7층전탑은 국내에서 가장 크고 오래된 탑이며, 통일신라시대에 창건됐다는 법흥사의 유일한 흔적이다. 전탑이란 흙으로 만든 벽돌을 구운 뒤 촘촘히 쌓아 올린 탑을 말하는데 남북조시대 중국에서 만들어진 전탑 양식이 우리나라로 건너와 조성되었다. 하지만 중국과 달리 우리나라는 특정한 지역과 시기에 제작되었을 뿐 전국적으로 성행하지 않았다. 국보 제16호인 법흥사지 7층전탑은 안동 임청각 옆에 있는데 높이가 16.8m이고, 폭이 7.75m로 기단부와 탑신부 그리고 탑두부로 구성되어 있고, 상륜부는 유실되고 없다. 기단부에는 팔부중상과 사천왕상이 양각되어 있고, 층마다 기와를 얹은 흔적이 남아 있다.

까마득한 통일신라시대에는 이곳에 법흥사라는 거대한 절이 있었다. 법흥사는 고려시대까지 존재했다가 조선시대에 사라진 것으로 보인다. 국내에서 가장 큰 전탑의 규모로 미루

법흥사지 7층전탑 안동 신세동에 있는 벽돌로 만들어진 탑. 우리나라에서 가장 큰 전탑으로 그 옆에 있는 탑동종택과 비교되어 더 커 보인다. 8세기 말 통일신라시대에 이곳에 '법흥사'라는 커다란 사찰이 있었다고 한다. 불교가 국교였던 고려시대까지 크게 번창했으리라 짐작되지만 조선시대에는 숭유억불 정책으로 퇴락의 길을 걸었을 것이다.

어 법흥사의 크기를 짐작할 수 있다. 잠시 법흥사 앞에 서서 법흥사의 옛 모습을 상상해 본다. 법흥사 처마에 달린 풍경이 흔들리면 맑은 종소리가 은은하게 울려 퍼진다. 서산에 울긋불긋 연보랏빛 저녁놀이 물들면 법흥사에 땅거미가 스멀스멀 기어오른다. 절간 앞을 흐르는 낙강(낙동강)의 물길도 소리를 낮추고 강가에 은어를 잡아먹던 백로는 큰 나래를 펼치고 집으로 돌아간다. 저녁을 알리는 범종이 울리면 스님들이 저녁 예불에 들어간다. 목탁소리, 염불소리가 장엄하게 울려 퍼질 때 지평선으로 떨어지는 마지막 햇볕을 받은 7층전탑 상륜부의 동탑이 금빛으로 반짝인다. 낙동강 기슭에 홀로 우두커니 서 있는 법흥사 7층전탑은 화려했던 과거의 영화가 공허하다고 우리에게 말해 주는 듯하다. 색즉시공(色卽是空)이며 공즉시색(空卽是色)이다.

17

인재를 길러낸 명당과 종택

경당종택·학봉종택·간재종택

천등산은 소백산이나 태백산처럼 크게 높지는 않으나 산세가 부드럽고 아름다워 지세가 좋다고 소문난 곳이다. 그런 까닭에 봉정사가 들어섰고 산자락에는 이름 있는 명신들의 묘소도 있다. 앞서 삼태사 가운데 권태사의 묘도 이곳에 있다. 권태사 묘는 오랫동안 실전되었는데 권태사의 17세손 권옹(權雍)이 『동국여지승람』을 보고 찾았다고 한다.

안동권씨의 제사를 관장하는 건물인 능동재사(陵洞齋舍)의 건너편 오솔길을 3분 정도 걸어가면 큰 산소가 셋 나오는데 맨 위가 권태사의 묘다. 문인석과 망주석 각 한 쌍을 동서로 배열하고 가운데 상석을 놓았는데 비석에 '고려삼한벽상삼중대광아부공신권행묘(高麗三韓壁上三重大匡亞父功臣權幸墓)'라고 쓰여 있다. 산소의 형국이 천등산 주봉이 흘러내려 만든 '옥녀단좌(옥녀가 단정히 앉아 있는 형국)'라고 한다. 권태사의 묘 아래에는 17세손인 권옹의 묘가 있고, 그 아래에는 권옹의 외손자이며 서애 류성룡의 아버지인 류중영의 묘가 있다. 안동권씨들과 풍산류씨들은 후세에도 자손을 퍼트리며 잘살고 있으니 명당이라고 불러도 좋을 것이다.

효종 때(1650), 안동권씨와 풍산류씨의 문중 간에 큰 싸움이 생기게 된다. 본래 권옹의 부인 류씨의 묘가 권태사의 묘 앞에 있었는데 권씨 후손들이 권태사의 묘에 참배하기 어려워 류씨의 묘를 이장하길 원했다. 하지만 풍산류씨 문중에서 이장을 거부해 류씨와 권씨 문중 간에 다툼이 일어나기도 했다. 결국 두 문중의 합의로 류씨들은 권옹의 부인 묘를 권옹의 묘에 합장했다고 한다.

당시 문중의 힘이 어땠는지는 재사를 통해 확인할 수 있는데 안동권씨 능동재사는 길 왼쪽에 높은 축대를 쌓아 추원루(追遠樓)를 세웠다. 누문 안으로 들어서면 재사 큰 채와 동재 · 서재가 네모 형태를 이루었다. 대개 재사는 요새처럼 네모의 형태를 띠고 있는데 과거에는 늦은 밤에 제사가 이루어졌고, 교통이 발달하지 않아 멀리에서 찾아온 사람들이 돌아갈 수 없었기에 숙박이 가능한 형태로 재사를 지었다. 능동재사는 70칸의 건물이 있었는데 1896년 화재로 몇 건물만 남았다. 하지만 재사로서는 드물게 큰 건물이어서 조선 후기 권씨 문중의 힘을 짐작하게 한다.

같은 골짜기에 있는 금계재사(金溪齋舍)는 풍산류씨의 재사로 사찰의 건물을 재사로 만들었다고 한다. 능동재사보다 규모는 작지만 후손들이 제사를 지내고 쉴 수 있는 공간으로 만든 것이 특징이다. 그도 그럴 것이 풍산류씨 집성촌인 하회마을에서 이곳까지 60리(24km)나 되기 때문이다. 자손들이 묘제에 참여하기 위해서는 60리 길을 걸어야 도착할 수 있다. 묘제에 참여하기 위해서는 재사까지 오는 데 하루, 제사를 지내는 데 하루, 돌아갈 때 하루, 꼬박 3일이 걸린다. 조선시대에는 양반들이 후손 노릇하기도 힘들었을 것이다.

『음식디미방』이 쓰여진 경당종택

천등산의 산세는 남쪽으로 흘러가며 점점 낮아지면서 들을 감싼 듯이 펼쳐진다. 서후면 금계지역은 남쪽을 바라보는 전형적인 배산임수의 조건을 가지고 있어 일찍이 많은 종택이 들어서 있었다. 서후 읍내에서 왼편으로 난 학가산 온천길을 가다 보면 작은 언덕 아래에 안동장씨 경당종택이 있다. 이곳은 조선 중기 학자인 장흥효(張興孝, 1564~1633)의 종택으로, 경당(敬堂)은 장흥효의 호이다. 장흥효는 17년간 학봉(鶴峯) 김성일(金誠一)에게 학문을 익혔다. 이후 학봉 김성일이 타계한 후, 하회에 낙향한 서애의 제자가 되었다. 평생 관직에 나아가지 않고 학문과 덕행을 닦아 수백여 명의 제자를 길러냈다. 종택과 가까운 곳에 '광풍정(光風亭)'이라는 정자가 있는데 경

경당종택의 광풍정과 제월대
조선 중기의 학자 장흥효가 지은 집을 그의 호를 따서 안동장씨 '경당종택'이라 한다. 『음식디미방』을 지은 그의 딸 장계향이 나고 자란 곳이기도 하다. 종택과 가까운 곳에 있는 광풍정은 경당 장흥효가 제자들을 가르치던 곳이고, 그 뒤 높은 바위 위에는 제월대가 있다. '광풍제월'은 비 갠 뒤의 바람과 달이라는 뜻이다.

당 장흥효가 제자들에게 강학을 하던 정자이다. 그 뒤에 있는 높은 바위 위에는 세 칸 정자인 제월대(霽月臺)가 있다. 『경당기(敬堂記)』에 두 정자에 대한 이야기가 전한다.

> "광풍제월은 비 갠 뒤의 바람과 달이라는 뜻으로 깨끗하고 맑은 마음을 비유하는 말의 경지에 이르고자 광풍정의 당을 경당이라 하고 정자를 광풍, 대를 제월대라 이름 붙였다."

평범해 보이는 정자이지만 도학자의 삶의 철학이 묻어 있다. 경당종택은 조선시대에 드물게 훌륭한 여성을 배출했다. '여중군자'라고 불리는 장계향(張桂香, 1598~1680)이다. 옛날에는 사대부가의 여자들도 언문을 배우는 것에 그쳤는데 경당 장흥효는 장계향에게 유학의 경전을 가르쳤다. 장계향은 총명해 『소학』과 『십구사략』, 『예기』, 『논어』, 『시경』 등을 공부하고 익혔다고 한다. 그녀는 어릴 적 내리는 비를 보고 이러한 시를 썼다고 한다.

窓外雨蕭蕭　창밖에 비 내리는 소리
蕭蕭聲自然　보슬보슬 자연의 소리겠지

我聞自然聲　내가 듣는 자연의 소리
我心易自然　내 마음 또한 자연이 된다

장계향은 광해군 8년(1616) 열아홉 살에 부친의 총애를 받던 제자인 석계 이시명의 아내가 되었다. 영양으로 시집간 장계향은 아버지에게 배운 바대로 자신의 재주를 드러내기보다 한 가정의 평범한 딸이자 가정주부로서 시가와 본가 두 집안 모두를 일으켜 세웠고 열 명의 자녀를 훌륭히 키워 냈다.

셋째 아들인 갈암 이현일이 이조판서가 되면서 장계향은 정부인(貞夫人)의 칭호를 받았으며 만년에 쓴 『음식디미방』은 한글로 쓴 최초의 조리서(표지에는 한자로 '규호시의방閨壼是議方'이라고 쓰여 있다)로 조선시대 양반가의 요리를 연구할 수 있는 좋은 자료로 인정받는다.

학봉과 난봉을 배출한 학봉종택

광풍정에서 남쪽으로 내려오다 보면 넓은 주차장에 삼간 솟을대문이 우뚝 서 있는 한옥 건물을 볼 수 있다. 이곳은 퇴계 선생의 수제자이며 임진왜란 때 왜적을 퇴치하다가 병사한 학봉 김성일 선생이 살았던 의성김씨 학봉종택이다. 학봉 김성일은 서애 류성룡과 함께 퇴계의 수제자로 불리며 성리학에

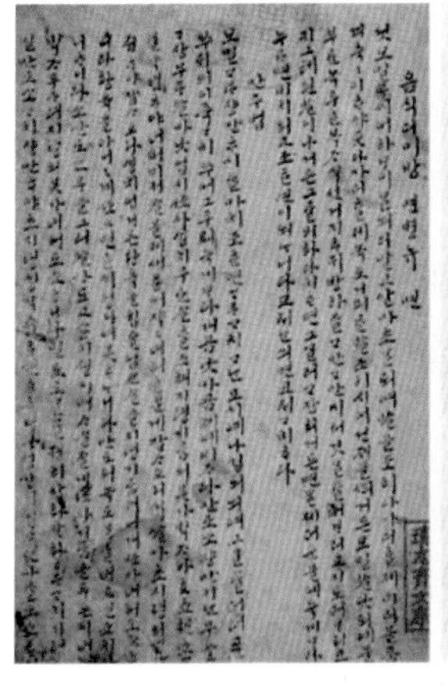

음식디미방 '여중군자'라 불리는 장계향이 쓴 최초의 한글 조리서.

도 깊은 조예를 갖추었다고 한다. 1568년 문과에 급제해 여러 벼슬을 거치다가 1590년 일본에 통신부사로 파견되어 국정을 보고할 때 민심이 흉흉할 것을 우려해 정사 황윤길과 다른 견해로 전쟁은 일어나지 않을 것이라고 말했다. 하지만 2년 후 임진왜란이 일어나자 이전의 보고에 대한 책임으로 파직되었다가 공을 세울 기회를 얻어 경상우도 초유사가 되었다. 그는 의병장 곽재우를 도와 의병 활동을 도왔고 각 지역의 의병들을 규합했다. 진주목사 김시민과 의병장을 협력시켜 왜군의 침입으로부터 진주성을 지켰으나 1593년 군중에서 역병에 걸려 죽었다.

안동에서 김성일을 존숭하는 이유는 책임을 지는 정치인으로 사명을 다했다는 데 있다. 정치인으로 자신의 과오를 인정하고 잘못된 것을 바로잡기 위해 목숨을 바친 점이다. 책임지지 않은 정치인이 많은 현대에서 본받아야 할 대목이 아닐까? 김성일은 본래 의성김씨 종가가 있는 임하면 천전리에서 태어나 결혼해 임동면 납실마을에 분가했다가 선조 15년(1582) 7월 처가가 있는 이곳 금계로 집을 지어 옮겼다고 한다. 솟을대문을 들어서면 넓은 마당과 정침이 있고 집 뒤에 사당이 있다. 운장각은 학봉 김성일 선생의 유품을 보관하는 곳으로 서적과 친필 기록, 교지, 안경 같은 유물 500여 점을 소장하고 있고, 집 앞에 학봉기념관은 상설전시관으로 학봉 선

'난봉' 김용환 학봉 김성일의 후손으로 독립운동을 하다가 체포되기를 여러 번. 이후 파락호가 되어 가산을 탕진한다고 손가락질받았으나 그의 사후에 재산을 만주 독립군에게 보낸 사실이 알려지게 되어 독립유공자 훈장을 받았다.

생의 유물을 구경할 수 있다.

이 집은 대한제국 말기와 일제강점기에 17명의 독립유공자를 배출했다. 구한말 조선 3대 파락호라고 불리는 김용환도 이 집에서 배출되었다. 드라마 〈미스터 선샤인〉에서 변요한이 연기했던 김희성의 모델이 되기도 한 파락호 김용환은 도박으로 가산을 탕진해 문중과 지역 사람들의 손가락질을 받았다. 대대로 이어온 종갓집과 논밭 18만 평을 모두 도박으로 탕진했기 때문이다.

집안의 재산을 거덜낸 그는 문중의 재산에 손을 대서 날려버리고 외동딸의 혼수 비용도 훔쳐서 노름에 써 버렸다. 하지만 그는 평소 이렇게 소리치고 다녔다고 한다.

"집안에 '학봉'과 '난봉'이라는 두 봉황이 나왔으니 그만하면 충분한 것 아니냐?"

김용환은 현재 가치로 200억~300억 원 상당의 재산을 날렸다고 한다. 그는 죽을 때까지 그 일을 밝히지 않았다. 진실은 김용환이 죽은 후 1948년 독립군 동지였던 하중환에 의해 밝혀지게 된다. 김용환의 도박 자금은 만주 독립군의 군자금으로 쓰인 것이다. 대한민국 정부는 그의 공로를 기려 1995년 외동딸 김후웅에게 건국훈장 애국장을 추서했다. 김후웅은 아버지에 관한 시 한 편을 써서 그를 기억했다.

우리 아배 참봉 나으리

그럭저럭 나이 차서 16세에 시집가니
청송 마평 서씨 문에 혼인은 하였으나
신행 날 받았어도 갈 수 없는 딱한 사정
신행 때 농 사오라 시가에서 맡긴 돈
그 돈마저 가져가서 어디에서 쓰셨는지

우리 아배 기다리며 신행 날 늦추다가
큰어매 쓰던 헌 농 신행 발에 싣고 가니
주위에서 쑥덕쑥떡

그로부터 시집살이 주눅 들어 안절부절
끝내는 귀신 붙어왔다 하여
강변 모래밭에 꺼내다가 부수어 불태우니
오동나무 삼층장이 불길은 왜 그리도 높던지

새색시 오만간장 그 광경 어떠할꼬
이 모든 것 우리 아배 원망하며
별난 시집 사느라고 오만간장 녹였더니

오늘에야 알고 보니 이 모든 것 저 모든 것
독립군 자금 위해 그 많던 천석 재산
다 바쳐도 모자라서
하나뿐인 외동딸 시가에서 보낸 농값
그것마저 바쳤구나

그러면 그렇지 우리 아배 참봉 나으리
내 생각한 대로
절대 남들이 말하는 파락호 아닐진대
우리 아배 참봉 나으리

학봉은 국난을 회복하기 위해 죽을 때까지 노력했던 인물이고, 난봉은 일제에 빼앗긴 나라를 되찾기 위해 손가락질 받으며 재산을 탕진했던 인물이다. 학봉종택은 과거의 조선과 현재의 대한민국을 있게 만든 충신과 독립운동가를 배출한 집이라고 할 수 있다.

간재종택의 홍살문

학봉종택에서 남쪽으로 조금만 더 내려가면 커다란 바위에 '간재종택'이라 쓰인 글귀를 발견할 수 있다. 특이하게 이 집 앞에는 붉은색 홍살문이 있다. 홍살문은 충신이나 효자, 열녀가 난 집 앞에 표창을 내리는 뜻으로 나라에서 세워 주었다. 간재종택의 홍살문에는 어떤 사연이 숨어 있을까?

원주변씨 간재종택은 간재(簡齋) 변중일(1575~1660)이 살았던 집이다. 간재 변중일은 '하늘이 낳은 효자'라는 소리를 들을 정도로 효심이 각별했다. 그의 효심에 관한 일화가 있다. 간재 변중일의 어머니가 병이 났을 때 진맥을 한 의사가 말하길 "꿩고기를 먹으면 낫는다"고 했다. 마침 큰 눈이 내려 변중일은 꿩을 잡으러 갈 수도 없어 애를 태웠는데 갑자기 꿩 한 마리가 방 안으로 날아들었다. 변중일이 그 꿩을 잡아 모친에게 요리해 드리자 병에 효험이 있었다고 한다.

간재 변중일은 나라에 대한 충성심도 남달랐다. 변중일이 18세 때에 임진왜란이 일어났다. 한양에서 선조가 의주로 몽진하고, 이웃에 있던 학봉 김성일이 경상도 초유사로 안찰할 때 간재는 집에 있는 쌀 100석을 군량미로 상주 진영으로 보내 군수품으로 쓰게 했다. 그 후 간재는 전쟁에 참전하기 위해 형 변희일과 함께 학봉이 있는 진주로 갔으나 이미 학봉이 전사했음을 알고 발길을 돌려, 망우당 곽재우 군중으로 투신했다. 이곳에서 간재는 적의 탄환에 맞아 팔에 부상을 입기도 했다. 1597년 정유재란이 일어나 왜적이 다시 쳐들어오자

간재종택 간재 변중일은 이름난 효자이자 임진왜란 때 의병으로 활약했다. 간재 별세 후 숙종 12년(1686)에 왕이 그의 충성과 효행을 기려 지금의 금계리에 홍살문을 세워 주었다.

간재는 창녕 화왕산으로 달려가 적을 물리치기로 맹약했는데 『화왕동맹록』에 이때의 사실을 기록하고 있다. 왜란이 평정된 후, 나라에서 이 사실을 알고 참봉에 제수했으나 사양하고 만년에 고향 집의 동쪽 언덕에 정자를 지은 뒤 '간재(簡齋)'라는 편액을 달고 그것을 자신의 호로 삼았다.

간재 별세 후 숙종 12년(1686)에 왕이 그의 충성과 효행을 기려 정려를 하사하고 지금의 금계리에 정충효각을 세웠다. 간재종택 앞에 있는 홍살문은 그때 받은 정충효각문이다. '간재'라는 호에는 몸과 마음을 순수하게 하고 대쪽 같은 인생을 살겠다는 의미가 있다. 탐욕과 이권에 마음이 풀잎처럼 흔들리는 사람들이 깊이 새겨야 할 대목이다.

18

체화정

정자 속에 숨어 있는 화원 김홍도

솔밤다리에서 서쪽으로 방향을 꺾어 34번 국도를 따라 10여 분을 달리다 보면 북부권에서는 보기 드물게 드넓은 들판을 마주하게 된다. 수천 년 동안 낙동강이 퇴적과 침식을 거듭하며 만들어낸 풍요로운 토질 위에 넓은 들이 생성된 이곳을 '풍산(豊山)'이라고 했다. 풍산은 2019년에서 3년간 지속된 코로나 사태의 첨병으로 이름을 알린 AZ(아스트라제네카) 백신을 위탁생산하는 SK바이오사이언스 안동공장이 있어 바이오산업의 메카로 급성장하고 있기도 하다.

34번 국도를 따라가다가 오른편으로 난 샛길을 들어가다 보면 풍산읍의 초입에 아름다운 정자 하나를 발견하게 된다.

체화정(棣華亭)이다. 체화정은 산 아래에 아담하게 지어진 정자인데 정자 앞에는 제법 큰 연못이 있다. 연못 안에는 세 개의 섬이 있다. 체화정은 죽사 이민적(1702~1763)이 영조 37년(1761)에 지은 정자다. 이민적은 출사하지 아니하고 진사로서 고향에서 안돈하며 지내온 선비이다.

체화(棣華)는 '상체지화(常棣之華)'의 줄임말로 형제간의 우애와 화목을 의미한다. 산앵두나무의 꽃은 수많은 꽃잎을 갖고 있는데 이는 형제가 많아서 집안이 번성한다는 뜻이다. 현판의 글귀처럼 이민적은 형인 이민정과 함께 체화정에서 글을 읽고 풍류를 누렸다고 한다. 정자를 만들 때 배롱나무를 함께 심었다고 하는데 아름다운 분홍빛 배롱나무꽃이 화사하고 연못에 핀 연꽃으로 체화정은 실로 아름답다. 정자 앞의 연못에 세 개의 섬이 보이는데 봉래 · 방장 · 영주를 뜻하는 삼신산이다.

체화정 안쪽에는 '담락재(湛樂齋)'라고 쓴 현판이 있는데 조선 최고의 서화가 김홍도(金弘道)의 글씨다. 그는 안기역의 찰방으로 안동에서 2년 4개월 살았다. 담락(湛樂)은 『시경』「소아」의 상체지화에 나오는 시구인데 '화락차담(和樂且湛, 화합해야만 즐겁고 기쁠 수 있다)'의 글귀에서 가져온 것이다. 형제간의 우애가 돈독해야 집안에 행복이 가득할 수 있다는 의미다. 돈이면 다 되는 세상에서 돈으로 살 수 없는 것이 화목이다.

체화정 체화(棣華)는 상체지화(常棣之華)의 줄임말로 형제간의 우애와 화목을 의미한다. 산앵두나무의 꽃은 수많은 꽃잎을 갖고 있는데 이는 형제가 많아서 집안이 번성한다는 뜻이다.

단원로와 운안동천

조선시대 가장 유명한 화원의 한 사람인 단원 김홍도. 그의 흔적은 풍산 체화정뿐 아니라 안동에서도 찾을 수 있다. 안동 운안동 사거리에서 안동 MBC 방송국으로 가는 방면의 도로명은 단원로이다. 안동의 한 도로 이름을 김홍도의 호가 점거하고 있다는 사실이 흥미롭지 않은가?

영조 21년 안산에서 태어난 김홍도는 몰락한 사대부 양반의 후손으로 중인 신분으로 떨어진 상태였다. 아버지 김석무는 김홍도가 과거에 급제해 신분을 되돌리길 바랐으나 조선은 중인에게 과거를 허락하지 않는 사회였다. 하지만 김홍도에게는 타고난 그림 실력이 있었다. 김홍도는 그림 실력을 인정받아 도화원의 화원으로 들어가게 되었고, 정조대왕의 초상화를 그린 공으로 1784년 정월에 안기역참(安奇驛站)의 찰방으로 제수받아 약 2년 4개월 정도를 안동에서 근무하게 된다.

안기 찰방은 안기역을 중심으로 하는 11개 역과 역도를 담당하는 종6품 관리이다. 역(驛)은 역도를 따라 중요한 서신이나 관원을 빠르게 운송하기 위해 말을 관리하는 곳이었다. 어사(御使)들이 마패(馬牌)를 보이며 말을 갈아타야 하는 곳이 이곳이다. 안기역은 현재의 안동 안기동에 있었는데 찰방은 역장이나 우체국장쯤 되는 벼슬로 대간이나 정랑직에 있는 명망 있는 문신이 맡아 수령의 실정을 보고하는 역할도 하는 비중 있는 자리였다.

정조의 신망이 높던 김홍도는 안기찰방에 제수되어 안동에서 명망 높은 사대부들과 교류했다. 그는 임청각 주인인 이의수에게 수금(水禽)·초목(草木)·충어(蟲魚)가 그려진 10폭 화첩을 그려 주었고, 이가당(二可堂)이라는 글씨를 써 주었다. 그리고 이민적의 아들 용눌재 이한오에게 담락재(湛樂齋)라는 현판 글씨를 주었다. 담락재 현판은 풍산 체화정에 있다.

당시 김홍도는 사능(士能)이라는 자(字)가 있을 뿐 호(號)가 없었다. 자(字)는 남자가 성인이 되었을 때 달리 부르는 이름이고 호(號)는 이름이나 자 이외에 편하게 부르는 이름이다. 김홍도에게 호가 없는 것은 중인이었기 때문이다. 하지만 이 무렵 '단원(檀園)'이라는 호를 쓰기 시작한다. 그 사실은 1784년 12월 안기찰방 김홍도가 그린 〈단원도(檀園圖)〉에서 확인할 수 있다.

〈단원도〉는 기행 시인인 창해 정란(滄海 鄭瀾, 1725~?) 선생이 1784년 12월에 김홍도가 찰방으로 있는 안기역을 찾아왔을 때 그린 작품으로 3년 전(1781년 4월 1일) 김홍도가 자신의 집 '단원檀園'에서 창해 선생, 강희언과 함께 진솔회(眞率會) 모임을 가졌을 때를 회상해 그린 작품이다. 작품의 자세한 내

〈단원도〉 1781년 4월 1일에 기행 시인 창해 정란이 안동에서 안기역참의 찰방을 하고 있는 김홍도를 찾아왔다. 김홍도의 집 '단원'에서 창해 선생, 강희언과 함께 진솔회 모임을 가졌을 때를 회상해 1784년 12월에 그린 작품이다. 자세한 내용은 그림의 상단에 있는 제발을 보면 알 수 있다. 〈단원도〉 지본담채, 153.3 X 78.5㎝, 개인소장용은 그림의 상단에 있는 제발(題跋)을 보면 이해가 잘 된다.

"창해 선생께서 북으로 백두산에 올라 변경까지 다다랐다가 동편 금강산으로부터 누추한 단원(김홍도의 집)으로 나를 찾아주셨으니, 때는 신축년(1781년) 청화절(4월 1일)이었다. 뜰의 나무엔 햇볕이 따스하고 바야흐로 만물이 화창한 봄날에 나는 거문고를 타고, 담졸 강희언은 술잔을 권하고, 선생께서는 모임의 어른이 되시니 이렇게 해서 참되고 질박한 술자리를 가졌도다. 어언 간에 해가 다섯 차례나 바뀌어 강희언은 지금 세상에 없는 옛사람이 되어 가을 측백 떨기에는 이미 열매가 열렸다. 나는 궁색해 집안을 돌보지 못하고 산남(山南)에 머물러 역마를 맡은 관청에서 먹고 자고 하면서, 해가 한 차례 돌아오게 되었다. 이곳에서 홀연히 선생을 만나게 되니 수염, 눈썹, 머리칼 사이에는 구름 같은 흰 기운이 모였으되, 그 정력은 늙어서도 쇠하지 않으셨다. 스스로 말씀하시기를 올봄에는 장차 제주도의 한라산을 향하리라 하니 참으로 장하신 일이다. 다섯 밤낮으로 실컷 술을 마시고 원 없이 이야기하기를 단원에서 예전에 놀던 것처럼 했더니, 슬픈 느낌이 그 뒤를 따르는지라, 끝으로 〈단원도〉 한 폭을 그려 선생에게 드린다. 그림은 그 당시의 광경이고 윗면의 시 두 절구는 당일 선생께서 읊으신 것이다. 갑진년(1784년) 12월 입춘(立春) 2일 후에 단원 주인 사능 김홍도가 그렸다."

〈단원도〉에서는 자신을 사능 김홍도라고 부르지만 이 무렵부터 스스로 단원(檀園)이라 칭했다. 중인이 아닌 지방관리로서, 안동의 사대부들과 어울리면서 생겨난 문화적 자신감이 단원이라는 호를 세상에 드러낸 것이다. 김홍도의 화풍은 이 무렵 많이 바뀌어서 단순한 화가가 아니라 시·서·화를 겸비한 진정한 예술가로서의 안목에 눈을 떴다고 한다.

안기동에 가면 안기찰방 관아 터가 있다. 주변의 아파트 벽에는 단원 김홍도의 그림들이 벽화처럼 그려져서 그가 살았던 흔적을 기억하고 있다. 지금 옛 건물은 사라졌지만 안기동 어디쯤에는 김홍도가 단원도를 그렸던 사택도 있을 것이다.

단원로 길가에는 커다란 바위가 기세 좋게 서 있는데 '운안동천(雲安洞天)'이라는 글자가 새겨져 있다. '동천(洞天)'이라는 이름이 붙은 것을 보면 과거 이곳이 매우 아름다운 공간이었던 것 같다. 어떤 이가 그걸 새겼는지는 알 수 없지만 단원로를 지날 때면 운안동천에서 안동의 사대부들과 풍류를 즐기던 김홍도를 그려보곤 한다. 개발의 역사 속에서 우리의 옛 유물들과 옛터는 자리를 잃어 간다. 그것의 중요함을 모르기 때문에 아무렇게나 방치되다가 잊혀 진다. 우리 것, 우리의 문화를 기억하지 않으면 영영 우리 것이 아니게 된다는 점을 잊어서는 안 되겠다.

단원로와 운안동천 안기동 단원로에는 김홍도의 그림이 그려져 있고 길가 커다란 바위에는 '운안동천'이라고 새겨져 있다.

19

전통 마을 이야기

소산마을 · 가일전통문화마을 · 오미마을

풍산읍을 벗어나 하회마을로 가는 916번 지풍로로 가다 보면 아름드리 소나무가 우뚝우뚝 자라난 야트막한 언덕 위에 정자 하나가 오롯이 서 있다. 정자의 이름은 삼구정이고, 언덕 아래 고풍스러운 기와집이 많은 마을의 이름은 소산마을이다. 소산마을은 고려의 개국공신인 김선평의 9세손이었던 비안 현감 김삼근이 이곳으로 옮겨 오면서 입향조가 된 마을이며 안동김씨 집성촌이다.

안동김씨 세도가문의 발상지(소산마을)

마을의 전체적 형상이 '소가 누운 형국'이라고 해 쇠미 또는 금산(金山)으로 불렸다. 마을 앞 언덕 위에 있는 삼구정은 입향조 김삼근의 손자인 김영전, 김영추, 김영수가 88세의 노모 예천권씨를 즐겁게 하려는 효심에서 1496년에 지은 정자이다. 삼구정의 기문을 보면 당시의 정경을 읽어낼 수 있다.

삼구정은 '동오(東吳)'라는 봉우리 위에 걸터앉아 있으며 동쪽과 서쪽, 남쪽이 모두 큰 들이고 그 지세가 시원하게 트인 곳에 자리 잡았다. 정자의 남쪽에 내(川)가 있고 북쪽의 가산에서 나와 이루는 물이 병담에서 합쳐져 화천을 이루니, 물과 산이 어우러져 부는 바람 또한 시원하기 그지없다. 옛날에는 시내 양쪽에 밤나무 천여 그루가 있었고, 정자 아래에는 벼논과 보리밭이 있어 봄 · 여름이면 그 푸름을, 가을이면 구름 같은 누런 벼의 물결을 볼 수 있었다.

세월이 많이 흘러 과거의 모습은 사라졌지만 삼구정 정자 위에서 바라보면 넓게 펼쳐진 풍산평야가 한눈에 들어온다. 사방이 훤하게 뚫린 삼구정은 가히 호연지기를 기를 수 있는 정자라고 할 수 있다. 이 탁 트인 정자에서 88세의 노인은 손자들과 자손들의 재롱을 바라보며 행복감에 취했을 것이다.

정자 뒤편에는 세 개의 돌거북이 있는데 학자들은 고인돌이라고 한다. 삼구정 정자의 이름은 세 개의 고인돌에서 따왔는데 88세 노인의 장수를 기원하면서 지은 이름이라 절묘하기 이를 데 없다.

금산마을에서 소산마을로

금산마을의 이름은 병자호란 때 낙향한 김상헌이 "김가(金家)가 사는 곳을 금산(金山)이라 하면 이는 너무 화려하고 사치스럽다. 모름지기 검소하다 소산(素山)으로 바꿔야 한다"고 하여, 소산마을로 바꾸었다.

김상헌은 병자호란 때 예조판서로 척화를 고집하다가 청나라에 끌려간 인물이다. 조상 대대로 내려온 이름도 바꿀 정도였으니 고집도 세고 명망도 높았던 모양이다. 그는 병자호란 후에 소산마을에 은거하다가 청나라로 끌려가게 되었는데 그때 지은 시조가 유명하다.

> 가노라 삼각산아 다시 보자 한강수야
> 고국산천을 떠나고자 하랴마는
> 시절이 하수상하니 올동말동하여라

김상헌은 청나라 심양에서 6년간 인질로 생활하다가 귀국해 고향 소산마을로 돌아왔다. 김상헌의 고향 집은 중종 때 김번(1479~1544)이 여생을 보내기 위해 지은 집이었는데 후손

삼구정 입향조 김삼근의 손자인 김영전, 김영추, 김영수가 88세의 노모 예천권씨를 위해 1496년에 지은 정자이다. 정자 뒤편에는 세 개의 돌거북 모양의 고인돌이 있다. 정자 위에서 바라보면 넓게 펼쳐진 풍산평야가 한눈에 들어온다.

인 김상헌이 기존에 살던 건물을 누각식으로 개수하면서 청원루로 이름을 바꾸게 되었다. 청원루는 말 그대로 '청나라(淸)를 멀리한다(遠)'는 뜻으로 청나라와 싸우자는 주전론을 주장했던 김상헌의 적개심을 단적으로 드러낸 건물이라 할 수 있다.

소산마을의 안동김씨는 조선시대에 유명한 세도가문이었다. '삼수육창'으로 일컬어졌던 김상헌의 손자인 김수흥과 김수항은 영의정을 지냈고, 김수항의 아들 여섯이 현달했는데 맏아들 김창집이 영의정을, 김창협이 대사성을 지내는 등 여섯 형제가 이름을 떨쳤다. 김창집의 후손으로 순조의 국구가 되어 세도의 문을 연 김조순, 헌종의 국구 김조근, 철종의 국구 김문근 등 구한말에 조선의 운명을 좌지우지한 안동김씨가 이곳에서 배출되었다. 마을 안에는 안동김씨 대종택인 양소당이 있고, 동야고택, 묵재고택, 비안공 구택 등 다수의 고택이 과거의 영화를 말없이 이야기하고 있다.

가일전통문화마을(안동권씨 집성촌)

삼각산처럼 솟아난 정산(井山)이 마을을 감싸 안고 남향에 넓은 풍산 들판을 바라보는 길지에 있는 가일마을은 아침 해가 뜰 때 아름답다고 해서 '아름다울 가(佳), 해 일(日)'이란 글자가 붙었다. 가일을 옛날에는 '지곡'(枝谷)이라 불렀고, 『영가지(永嘉誌)』에는 '지곡지(枝谷池)'라고 했다. 마을 이름은 가일과 지곡에서 한 자씩 빌려와 '가곡'이라 불렀다. 이 마을은 안동권씨 복야공파 권항이 입향한 이후 500여 년 동안 이어져 내려오는 안동권씨 집성촌이다.

300년 묵은 아름드리 회화나무와 200년 묵은 왕버들 나무가 둘러서 있는 저수지를 따라 수변 데크가 만들어져 산책하기 좋은 가곡저수지가 있는 윗동네는 가일전통문화마을인데 500년 역사의 전통 마을답게 마을 곳곳에는 수많은 고택이 즐비하고 볼거리도 많다. 이 마을의 대표적인 고택은 병곡고택이다.

가일전통문화마을 안동 풍산읍에 있는 가일마을은 아침해가 뜰 때 아름답다는 뜻이다. 이곳에는 안동권씨 가문의 종택인 병곡고택을 비롯하여 독립투사 권오설 선생 기적비, 가곡저수지 둘레길, 풍산김씨 집성촌 오미마을 등 우리의 전통 고택들이 많이 있다.

병곡고택과 남천고택

병곡고택은 안동권씨 가문의 종택으로 마을의 한가운데 있으며 대문을 들어서면 6칸 대청의 건물이 손님을 맞이한다. 이 집은 조선 전기 문신이던 화산 권주(1457~1505) 선생이 살던 집으로 권주 선생은 경상도 관찰사를 역임한 명신이었다고 한다. 본래 당호가 시습재(時習齋)였으나 후에 병곡종택으로 변경되었다.

병곡고택의 바로 뒤에 있는 수곡고택은 수곡 권보가 후세에 끼친 덕을 추모하기 위해 그의 후손이 1792년에 세웠다고 한다. 집안의 벽에 경(敬) 자 글씨가 붙어 있는데 권보 선생은 도학자로 일생을 학문에 힘쓰며 검소하게 생활했다고 한다. 수곡고택은 팔작지붕이 아닌 맞배지붕으로 소박하고 검소한 기풍을 건축물에서도 발견할 수 있다.

남천고택은 가곡리의 좌측에 남향한 고택인데 조선 철종 1년(1850)에 권장의 셋째 아들 권숙의 살림집으로 지은 건물이다. 고택 안에 담을 둘러싼 정원에 연지(蓮池)가 인상적인데 연못 안에 작은 섬을 만들고 나무다리를 놓아서 운치가 뛰어나다. 이 밖에도 원형이 보존된 많은 고택이 가일마을에 존재한다.

안동지역의 오래된 고택들은 대부분 한옥 스테이로 쓰이

고 있는데 가일마을에서도 여행객들의 숙박시설로 사용되고 있다. 고택은 호텔처럼 현대적 시설이 아니어서 편안함과는 거리가 멀지만 고풍스런 맛과 느낌을 고스란히 느낄 수 있다. 늦은 밤, 대청에서 개구리와 풀벌레 소리를 들을 수도 있고, 평상 마루에 앉아 하늘에 가득한 은하수를 바라볼 수 있는 묘미도 있다. 불빛 하나 없는 깊은 밤, 밤하늘을 바라보면 별이 쏟아진다는 말이 무엇인지 느끼며 풀벌레 우는 소리에 담긴 처량함도 느낄 수 있을 것이다. 그런 체험을 통해 인간의 감성은 조금 더 원초적인 순수의 상태를 회복할 수 있는 것이다.

권오설 선생 기적비

가곡저수지 공원에는 항일구국 열사 권오설 선생 기적비가 우뚝 서 있다. 대한민국이 국호를 대한제국으로 변경했던 1897년 권오설 선생은 태어나셨다. 9살 무렵, 을사늑약으로 일제에게 나라를 빼앗겨 어린 시절 일본의 치하에서 살아야 했던 선생은 대구와 서울을 전전하며 학교를 다녔지만 집안이 가난해서 졸업장을 따지는 못했다. 겨우겨우 전남도청에서 일하다가 3·1운동에 연루되어 감옥살이를 한 선생은 1919년 겨울에 가일마을로 귀향했다. 이후 그는 모진 감옥살이 중에 깨달은 바가 있었는지 독립운동에 매진했다. 문중 소유의 서원에 원흥학술강습소를 설치해 독립운동을 위한 학습기관을 마련하고 1920년 조선노동공제회 안동지회와 안동청년회에 가담했다. 권오설과 김남수는 풍산소작인회를 조직해 농민투쟁의 새로운 획을 긋게 된다.

권오설은 풍산읍을 중심으로 안동을 오가며 여러 조직을 만들거나 만드는 과정에 참여했다. 이때의 활동 자금은 안동 권씨 문중마을인 가일마을에서 지원해 주었다. 권오설은 상해 임시정부와도 긴밀한 관계를 맺게 된다. 그는 1924년 조선노동총동맹 상임집행위원으로 선임되었고, 조선공산당 산하 고려공산청년회 중앙집행위원과 조직책으로 활발하게 활동한다. 그는 2차 조선공산당 고려공청 책임비서를 맡아 6·10만세운동을 주도하게 된다.

"조선독립만세", "토지를 농민에게", "애국자 혁명가를 석방하라" 1926년 6월 10일 오전 10시 창덕궁에서 시작된 이 시위는 관수교, 황금정, 훈련원, 동대문, 안감천으로 번져 나가면서 일제의 간담을 서늘하게 했다. 이튿날부터 일제는 검거에 열을 올려 지도부 이외의 군중 200여 명을 감옥에 가두고 수천 명의 사람들을 투옥했다. 이때 검거된 150여 명의 공산당원들은 경찰에게 학살당하고 지도자인 권오설은 체포돼 징역 7년을 선고받았다. 일제의 모진 고문 끝에 권오설은

1930년 서대문형무소에서 사망했다. 일제는 그의 무덤을 봉분조차 없는 평장으로 할 것을 강요했고 가족들의 입관도 불허했다. 참혹한 고문으로 죽었음을 감추기 위해 철제관을 썼다는 소문이 돌았는데, 78년 동안 동네에 유령처럼 소문으로 떠돌던 이야기는 사실로 드러났다. 녹슬어 핏빛이 된 철제관이 발견된 것이다. 철제관은 단단히 납땜이 된 상태였는데 관을 열었을 때 시신의 머리가 없었다고 한다. 철제관은 현재 경상북도 독립운동기념관에 전시되어 있다. 권오설은 일제시대

권오설 선생 기적비 풍산읍 가일마을 가곡저수지 공원에는 권오설 선생 기적비가 우뚝 서 있다. 3·1운동, 원흥학술강습소 설치, 1920년 풍산소작인회의 농민투쟁, 6·10만세운동 등을 주도했던 그는 일제의 모진 고문 끝에 서대문형무소에서 돌아가셨다. 권오설은 일제시대에 최초로 농민운동을 시작한 혁명가로 공산당이었다는 이유로 오랫동안 외면받아 온 불행한 독립운동가이기도 하다.

에 최초로 농민운동을 시작한 혁명가로 공산당이었다는 이유로 오랫동안 외면받아 온 불행한 독립운동가이기도 하다.

오미마을(풍산김씨 집성촌)

오미(五美)마을은 풍산김씨(豊山金氏)들이 500년 동안 세거해 온 씨족마을이다. 하회마을처럼 풍산에 있지만 많이 알려지지 않았는데 국도에서 4km 넘게 더 들어가야 찾을 수 있기 때문이다. 풍산김씨의 시조 김문적(金文迪)은 신라 경순왕의 넷째 아들 김은열(金殷說)의 후손으로 고려 고종 때 나라에 공을 세워 좌리공신(佐理功臣)에 책록되고 풍산백(豊山伯)에 봉군되었다. 풍산에 영지가 생겼으니 이때부터 풍산에 적을 두었다고 할 수 있다. 이후, 김문적의 손자 김연성(金鍊成)이 충렬왕 때 문과에 올라 찬성사를 지내고 안동 풍산 오릉동에 별장을 두었다.

풍산김씨의 후손들은 대대로 고려에서 벼슬살이하면서 송도에 거주하다가 조선 개국과 함께 다시 한양으로 이주했다. 하지만 태종 이방원과 형제들 간에 왕자의 난이 일어나자 병조판서 김자양이 죽임을 당했다. 김자양의 동생인 김자순(金子純) 공은 화를 피해 선대에 별장이 있던 오릉동으로 내려와 정착하면서 후손들이 이 마을에서 세거하기 시작했다.

과거에는 이 마을을 '오릉동(五陵洞)'이라 불렀는데 학가산에서 흘러내린 산줄기가 보문산과 대봉산을 거쳐 남쪽의 검무산으로 이어져 마을 앞을 서쪽으로 감싸 안은 듯 흘러내린 기세가 다섯 가닥의 언덕이 솟은 것 같다고 해서였다. 김자순의 손자인 허백당 김양진(金楊震, 1467~1535)은 풍산김씨의 입향조라고 불린다.

그는 1497년 문과에 급제해 벼슬길에 올랐지만 1504년 갑자사화에 연루되어 예천으로 유배되었다가 1506년 풀려나서 복직되었다. 하지만 김안로의 모함으로 전라 · 황해 · 충청도 등으로 외직을 지냈는데 선정을 베풀어 청백리(淸白吏)로 이름을 알렸다. 김양진은 1535년 서울 장의동에서 세상을 떠났는데, 생전에 안동 오릉동에 새집을 짓고 자손들에게 세거할 수 있는 여건을 만들어 준 탓에 입향조로 불리고 있다.

팔련오계

김양진의 아들 유경당(幽敬堂) 김의정(金義貞)은 1516년 문과에 급제해 예조정랑을 지내고 1545년에 종부시첨정이 되었으나 그해 7월 인종이 갑자기 승하하자 병을 핑계 대고 낙향해 이곳에서 살게 되었다. 김의정의 손자인 유연당(悠然堂) 김대현(金大賢, 1553~1602)은 생원시를 거쳐 산음 현감이 되었는데 슬하에 구 형제 중 팔 형제가 현달해 관직에 나가게 되었다. 그 가운데 오 형제가 문과 급제자가 되었다. 인조가 이 이야기를 듣고 '팔련오계(八蓮五桂)'라 칭하고 '오미동(五美洞)'이란 마을 이름을 내렸다.

조선시대 진사 합격자를 '홍련(紅蓮)'이라 하고 과거에 급제한 사람을 '절계(折桂)'라고 불렀다. 진사에 합격하려면 생원시와 진사시 두 시험에 합격해야 했다. 연(蓮)은 과거에 두 번 급제하는 연방(連榜)과 음이 같아서 흔히 쓰였고, 과거 급제는 달에 있는 계수나무를 꺾어야 할 만큼 어렵다는 의미가 있었다. '팔련오계(八蓮五桂)'는 여덟 명의 진사와 다섯 명의 과거 급제자를 배출했다는 말이 되는 것이다. 인조는 여덟 아들을 잘 키운 김대현의 공을 인정해 이조참판에 추증했으며 관찰사에게 마을 앞에 홍살문을 세우고 '봉황문(鳳凰門)'이라는 편액을 걸도록 하는 은전을 베풀었다.

풍산김씨 가문은 이때부터 명문세족의 기반을 다지게 되었는데 팔연오계(八蓮五桂)는 지금까지 오미마을의 풍산김씨를 상징하는 표현으로 쓰고 있다. 김대현의 아들들은 각자 분가해 흩어졌는데 첫째 김봉조와 넷째 김경조, 아홉째 김숭조가 오미마을에 정착하게 된다. 오미마을에 정착한 풍산김씨 가운데 가장 현달한 사람은 김두흠이었다. 낙애 김두흠은 문

오미마을 봉황문 오미마을은 풍산김씨들이 500년 동안 세거해 온 씨족마을이다. 마을 입구에는 인조가 내려준 '봉황문'이라는 홍살문이 세워져 있다. 조선시대에는 과거급제자를 많이 배출했을 뿐만 아니라 독립운동의 역사 또한 뜨겁다. 오미 광복운동 기념공원에서 그 열기를 느껴보자.

과에 급제해 벼슬에 올라 당상관인 승정원 동부승지가 되었는데 그때부터 학남고택을 영감댁이라고 널리 부르게 되었다. 영감댁의 사랑채는 비교적 큰 주춧돌을 놓고 일부분 둥근 기둥을 사용해 양반집의 격식을 갖추고 있다. 대통령 비서실장격인 도승지가 나왔으니 그럴 만도 하다. 김두흠의 손자인 김병황은 개화기에 병산서원 도유사·화천서당 당장 등을 맡아 사림을 인도하고 후학을 양성하는 데 전력을 쏟았다.

일제시대, 일본 천황이 사는 궁궐에 폭탄을 던졌던 김지섭(金祉燮) 의사, 모스크바에서 열린 극동민족대회에 조선노동대회 대표 자격으로 참가해서 독립운동을 했던 조선공화당 제1대 책임비서 김재봉 선생은 김병황의 제자들이다. 김병황의 맏아들 김정섭은 안동의병진의 도총을 지냈으며 1919년 만세운동에 참가했다. 그는 아우인 김이섭, 김응섭 등과 독립운동 자금을 모아 중국 상해에 있는 임시정부에 전달하기도 했다. 김지섭은 그 일로 인해 왜경들에게 큰 곤경을 치르기도 했다. 이 밖에도 오미마을은 을사보호조약이 체결되자 이를 규탄하는 '토오적문(討五賊文)'을 전국의 사림들에게 알린 후 자결한 김순흠(金舜欽) 선생, 만주에서 독립운동을 하며 일본 총영사를 사살하고 자결한 김만수(金萬秀) 등이 태어나고 자란 곳이다.

풍산 오미마을에는 풍산김씨들의 오랜 역사가 켜켜이 묻혀 있다. 이곳에는 풍산김씨 불천위 사당을 모시는 허백당 종택과 소종가, 참봉댁, 죽봉서재, 검사댁, 화수당 등이 자리하고 있으며 많은 전통가옥이 옹기종기 모여 전통마을의 고즈넉하고 고풍스러운 분위기를 느끼게 해준다.

20

하회마을

유네스코 세계문화유산

반변천과 낙강이 합쳐진 물길이 안동에서 출발해 서쪽으로 구불구불 흘러오다가 풍산에서 넓은 들을 만든 후에 우뚝 솟은 화산(花山)에 부딪쳐 남쪽으로 크게 구부러져 동쪽으로 흐르다가 단애를 만나 태극의 형태를 만들었으니 화산의 끝자락, 강가에 형성된 넓은 평지에 마을이 형성되었다. 낙동강(河)이 휘돌아(回) 치듯 구부러졌기에 하회(河回)라는 지명이 붙여졌다.

『풍산류씨 족보』를 살펴보면 풍산류씨는 고려조에 유명한 인물들이 많았지만 7세조인 류종혜가 조선시대 공조전서에 오른 후에 가문의 이름이 알려졌다고 한다. 벼슬자리에서 물러난 류종혜가 좋은 자리를 찾아다닌 끝에 발견한 하회마을

하회마을 낙동강이 휘돌아 치듯 구부러졌기에 '하회'라는 지명이 붙여졌다. 2010년 7월 하회마을은 세계유산으로 등재된다. 유네스코는 하회마을이 한국인의 전통적인 삶이 그대로 전승되고 있는 생활공간이며, 주민들이 세대를 이어 삶을 영위하고 있는 살아있는 유산으로 자연과 조화를 이루며 살아온 한국인의 삶이 인류의 문화유산으로 탁월한 보편적 가치를 지니고 있다고 했다.

은 풍수적으로 산과 물이 태극의 형상으로 휘어지는 산태극수태극의 연화부수형(蓮花浮水形)의 터였다고 한다. 천혜의 좋은 입지를 가졌지만 사람이 살기 어려운 곳이라 지역 사람들은 이 땅을 추천하지 않았지만 류종혜의 뜻은 확고했다. 당시 사람들은 풍수에 매우 민감했던 것 같다. 도선의 풍수사상이 전국적으로 널리 퍼지던 시기였다. 그는 나름대로 풍수를 해석하여 해법을 펼쳐 나갔다. 류종혜는 우물을 파지 않았다. 마을이 배의 형태를 가지고 있어서 우물을 파면 침몰한다고 생각했다. 대신 느티나무를 심어 배의 돛대 역할로 삼았다. 또한 강 건너 부용대의 살기와 차가운 북서풍을 방어할 목적으로 소나무 1만 그루를 강가에 심어 만송정 숲을 만들었다. 그렇게 류종혜가 이 마을에 정착해 풍수에 맞는 조치를 취하자 이웃들의 우려와는 달리 가문이 번성해 풍산류씨들의 집성촌이 되었다.

하회마을은 1999년 4월 영국 여왕 엘리자베스 2세가 방문하면서 일약 세계적으로 유명한 동네가 되었다. 그 후에 수많은 사람이 하회마을을 방문하면서 세상에 널리 알려졌는데 2010년 7월 브라질리아에서 개최된 제34차 유네스코 세계유산위원회에서 하회마을을 세계유산으로 등재하게 되었다. 유네스코는 하회마을이 한국인의 전통적인 삶이 그대로 전승되고 있는 생활공간이며, 주민들이 세대를 이어 삶을 영위하고 있는 살아있는 유산(living heritage)으로 자연과 조화를 이루며 살아온 한국인의 삶은 인류의 문화유산으로 탁월한 보편적 가치를 지니고 있다고 했다.

하회마을은 우리나라의 전통적인 유교문화가 살아 숨쉬는 마을로, 세계유산 등재는 나쁜 풍수를 지혜로운 풍수로 이긴 입향조 류종혜의 집념이 만들어 낸 결과물이라고 해도 무방할 것이다.

하회마을의 고택들

입향조인 류종혜가 하회마을에 최초로 지은 집은 4세손인 류중영 대에 이르러 새로 지어졌는데 그것이 풍산류씨의 대종택 '양진당(養眞堂)'이다. 양진당이란 이름은 류중영의 7세손으로 풍산류씨의 족보를 정리한 류영의 어린 시절 이름에서 따왔다고 한다.

'양진(養眞)'이란 '진리를 기른다'는 의미가 있는데, 입향조의 호가 아닌 후손의 어릴 적 이름을 따와서 풍산류씨 대종가의 당호로 삼았다는 것은 상식적으로 의문이 들기도 한다.

퇴계 선생이 46세에 지은 집을 '양진암(養眞庵)'이라 불렀던 사실에 미루어 퇴계학의 영향을 받은 후손들이 풍산류씨 대종

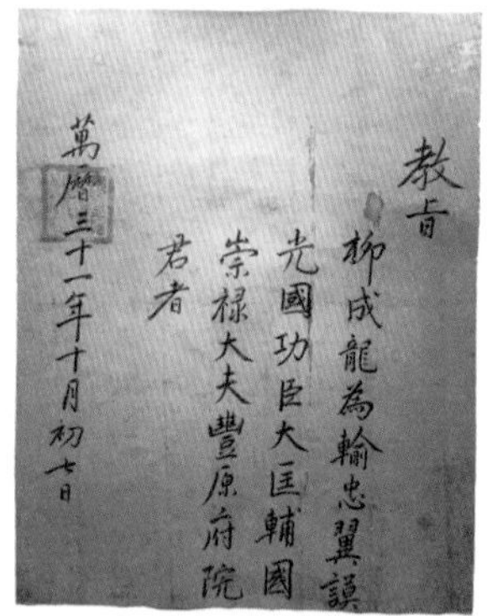

教旨
柳成龍爲輸忠翼謨
光國功臣大匡輔國
崇祿大夫豊原府院
君者
萬曆三十一年十月初七日

양진당 '양진(養眞)'이란 '진리를 기른다'는 의미가 있다. 류성룡은 의성 만취당의 외가에서 출생하고 17세까지 본가인 양진당에서 거주했다고 한다. 장자가 아닌 둘째였기 때문에 혼인 후 분가해 풍산에 살다가 벼슬을 얻은 후에 한양에서 살았다. 아래는 1603년(선조 36)에 선조가 류성룡에게 하사한 교지이다.

가를 대표할 만한 당호로 양진당이 적절하다는 판단을 한 것은 아닐까 하는 추측이 들기도 한다. 어쨌든 양진당은 현재까지 풍산류씨 대종가를 대표하는 이름으로 널리 알려져 왔다.

양진당 건물은 2년을 적선하고 3년의 공사 끝에 완성했다는 이야기가 있는데 당시에는 가문의 번영이 산수의 기운에 좌우한다는 풍수의 개념이 깊어서인지 철저하게 풍수적인 요소를 건축에 반영했다. 양진당은 삼신당을 배산으로 해 충효당 능선을 청룡으로, 작천댁 능선을 백호로, 낙동강이 허리띠를 두르듯 감싸는 곳을 중심으로 좌향을 결정했다고 한다.

양진당의 대문에서 고개를 들어 보면 화산 봉우리가 곧장 보이는데 산봉우리의 신령한 기운이 집 안으로 들어와 뛰어난 인물이 나오길 기원한 것이다. 그 덕분인지 서애 류성룡, 겸암 류운룡과 같이 현달한 인물들을 배출하고 그 후손들은 문과 22명, 무과 5명, 사마시 70여 명을 배출해 명문거족의 반열에 오를 수 있었다. 양진당은 종손들이 대대로 살아오는 집(종가)으로 입암 류중영의 장자인 겸암 류운룡이 살았으며 그의 후손들이 종택을 지키며 살아오고 있다.

류운룡 선생의 동생은 유명한 서애 류성룡 선생이다. 류성룡은 의성 만취당의 외가에서 출생하고 17세까지 본가인 양진당에서 거주했다고 한다. 장자가 아닌 둘째였기 때문에 혼인

후 분가해 풍산에 살다가 벼슬을 얻은 후에 한양에서 살았다.

서울 충무로에 가면 서애길이 있고, 그곳에 류성룡의 집터라는 표석이 있다. 하지만 임진왜란 후 삭탈관직 되어 고향으로 돌아왔을 때 풍산의 집은 난리 통에 무너지고 불타서 살 수가 없었다고 한다. 류성룡과 셋째 아들 류진은 형님이 사는 양진당에서 지냈지만 눈치가 보였다. 이 무렵 승려 탄홍(誕弘)이 류성룡을 찾아왔다. 그는 부용대 아래에 머물 곳을 마련했다고 했다. 하회마을에서 강 건너에 작은 집이 있었는데 탄홍이 10년의 시주를 모아 만든 건물이었다. 류성룡은 건물 앞의 못 이름을 따서 '옥연서당(玉淵書堂)'이라고 지었다. 양진당에 거처하던 류성룡은 옥연서당에서 마음 편하게 살게 되었다. 아들 류진은 류성룡을 돌보는 한편 풍산의 무너진 집을 보수하는 일을 맡았다.

옥연서당에서 거처하던 류성룡은 정유재란이 일어났을 때 자신이 듣고 겪었던 일을 기록하기로 마음을 먹었다. 옥연서당은 임진왜란 회고록인 『징비록(懲毖錄)』이 저술된 곳이다. 『징비록』은 선조 25년(1592)부터 31년(1598)까지 7년 동안에 걸친 임진왜란에 대해 기록한 책이다. 류성룡은 옥연서당에서 글을 쓰며 제자를 양성했다. 많은 유림이 옥연서당을 찾아왔다. 하지만 1604년 안동에 큰 수해가 일어나 강가에 있던 옥연서당도 많은 피해를 입게 되었다. 류성룡은 아들 류진이 집수리를 끝낸 풍산 서미동으로 옮겨가 살았고, 1607년 5월 6일 그곳에서 세상을 떠났다.

훗날, 류성룡의 손자와 제자들이 그의 학덕을 기리기 위해 하회마을에 충효당(忠孝堂)을 만들었다. 충효당의 당호는 후손들의 호에서 가져온 것도 아니고 그럴듯한 시구나 고사성어에서 따온 것도 아니다. 충(忠)과 효(孝)는 유학(儒學)에서 최고의 가치이며 실천 덕목이기 때문에 그 자체로 커다란 의미가 있다. 류성룡 선생의 삶처럼 충과 효를 화두로 삼아 살아가겠다는 후손들의 의지가 고심 끝에 만들어 낸 이름인지도 모르겠다. 충효당에는 영모각(永慕閣)이 있는데 서애 류성룡의 유품들이 전시되어 있다.

이 밖에도 하회마을에는 화경당, 남촌댁, 하동고택, 작천고택, 양오당 같은 고택들이 즐비하다. 마을의 고택들은 초가집과 일정한 비율을 맞춘 듯이 건축되어 있는데 의도된 것인지는 알 수 없지만 화천을 건너 부용대에서 마을 전체를 조망하면 하회마을의 전경을 감상할 수 있다.

부용대 가는 길

하회마을의 진면목을 보기 위해서는 부용대를 가야 한다. 부

만송정 안동 하회마을의 북서쪽 강변에 있는 소나무 숲이다. 강 건너 부용대의 살기와 차가운 북서풍을 방어할 목적으로 풍산류씨 7세조 류종혜가 소나무 1만 그루를 강가에 심어 만송정 숲을 만들었다. 이렇게 풍수에 맞는 조치를 취하자 이웃들의 우려와는 달리 가문이 번성해 풍산류씨들의 집성촌이 되었다.

용대는 마을 북쪽 깎아지른 벼랑을 말한다. 그곳에 가면 마을 전체와 물이 휘돌아가는 모습을 조망할 수 있다. 부용정에 가기 위해서는 마을 북쪽 만송정 숲에서 백사장으로 내려가 나룻배를 타야 한다. 그곳에서 나룻배를 타고 강을 건너면 언덕 위에 집 한 채가 나타나는데 옥연정사이다. 이 정사는 승려 탄홍(誕弘)이 10년 시주를 모아 선조 19년(1586)에 서애 선생을 위해 완성한 건물이다. 처음에는 옥연서당이라고 불렀는데 나라의 미래를 근심하던 류성룡 선생의 애환이 서린 곳이며 임진왜란의 회고록인『징비록』이 저술된 장소이기도 하다. 1604년 물난리로 무너졌는데 후일 새로 만들고 옥연정사라 이름 붙였다.

옥연정사에서 길을 따라 걷다 보면 화천서원이 나타난다. 화천서원은 겸암 류운룡 선생의 학덕을 기리기 위해 유림들이 세운 건물인데 현재는 부용카페와 고택 민박의 용도로 쓰이고 있다. 한때는 유생들의 글 읽는 소리로 시끄러웠을 서원인데 세월이 참으로 무상하게 느껴진다. 화천서원 옆으로 난 숲길을 따라 한참을 올라가면 부용대가 나타난다.

부용대는 연꽃을 내려다보는 언덕이라는 뜻이다. 이곳에서 내려다보면 하회마을이 물 위에 떠 있는 한 송이 연꽃처럼 보이기 때문에 붙여진 이름이라고 한다. 부용대는 깎아지르는 단애이다. 영화의 촬영 장소로 자주 사용되는 부용대는 절벽에서 떨어지는 추락 장면의 단골 무대다. 절벽 가까이 가면 위험하지만 높은 절벽에서 가만히 서서 바라보면 낙동강 물이 태극으로 굽이치는 모습과 하회마을의 전경을 한눈에 바라볼 수 있다.

류성룡은 이 절벽을 사랑해 그의 호를 '서애(西厓)'라고 지었으니 '서쪽에 있는 낭떠러지'라는 뜻이다. 어릴 적 류성룡은 자주 이곳에 올라 웅장한 풍경을 바라보며 천하를 경영하는 꿈을 꾸었으리라. 부용대에서 동쪽으로 난 숲길을 따라가다 보면 강가 으슥한 곳에 숨은 듯한 집 한 채가 나타나는데 '겸암정사(謙巖亭舍)'이다. 겸암 류운룡 선생이 명종 22년(1567)에 세웠고, 훗날 학문연구와 후진양성을 하던 곳이다. 부용대의 서쪽, 강의 흐름이 크게 감돌아 굽이치는 절벽 위에 남향으로 자리 잡아 세워진 집으로 하회에서 가장 전망이 좋은 곳 중 하나이다. 하지만 집터가 푹 들어간 듯 좁고 정사 앞의 나무들에 가려져서 마을 쪽에서는 잘 보이지 않는다.

겸암과 서애는 모두 퇴계 이황 선생의 제자였는데 겸암정사에 게시된 현판 중에 '겸암정(謙巖亭)' 글씨는 스승인 퇴계 이황 선생의 친필이다. 현재는 겸암 선생의 후손들이 살고 있으며 카페와 민박을 겸하고 있다.

부용대 부용대는 연꽃을 내려다보는 언덕이라는 뜻으로 류성룡은 이 절벽을 사랑해 그의 호를 '서애(西厓)'라고 지었으니 '서쪽에 있는 낭떠러지'라는 뜻이다. 절벽에서 가만히 서서 바라보면 낙동강 물이 태극으로 굽이치는 모습과 하회마을의 전경을 한눈에 바라볼 수 있다.

가장 한국적인 하회탈

우리나라 사람 치고 하회탈을 모르는 사람이 있을까? 하회탈은 세계에서 가장 독특한 탈 가운데 하나이다. 하회탈이 하회마을에서 나왔다는 사실은 삼척동자도 알 것이다. 하지만 자세한 이야기를 아는 사람은 몇 되지 않을 것이다. 앞서 말한 바 있지만 하회마을의 중심에는 삼신당이 있다. 600년 된 느티나무는 이 마을의 입향조 류종혜가 심은 나무라고 하는데 풍수적으로 마을의 돛대 역할을 하고 있으며 마을을 지켜 주는 '삼신당 느티나무'로 부른다. 하회탈춤은 이 오래된 서낭당 나무에서 시작되었다. 이 마을에 하회탈에 관한 전설이 있다.

> 옛날 허 도령이라는 청년이 있었다. 허 도령은 꿈에 마을의 수호신으로부터 가면 제작의 계시를 받았다. 이튿날, 허 도령은 목욕재계하고 집안에 외인의 출입을 막는 금줄을 치고 전심전력으로 가면 제작에 몰두했다. 그 동네에 허 도령을 몹시 연모하는 처녀가 있었다. 처녀는 여러 날을 기다렸으나 허 도령을 볼 수가 없었다. 약속한 금기의 백일을 하루 앞둔 날, 허 도령이 무엇을 하는지 궁금했던 처녀가 그 모습이나 보고자 창에 구멍을 뚫어 엿보고 말았다. 정신없이 마지막 탈을

만들던 허 도령은 갑자기 피를 토하며 숨을 거두었다. 그래서 마지막으로 만들던 이매탈은 턱이 없이 남게 되었다. 사모하던 허 도령이 죽자 처녀도 시름시름 앓다가 마침내 죽었다. 마을 사람들은 처녀의 넋을 위로하기 위해 성황신으로 고이 모시고 해마다 당제를 올리고 특별히 10년마다 별신굿을 벌여 왔다.

『한국민속설화(韓國民俗說話)』에 등장하는 하회별신굿 탈놀이의 유래이다. 탈놀이는 고려시대부터 전해 내려왔다고 전하는데 하회마을에서는 10년마다 혹은 신탁이 있는 해에 별신굿과 함께 탈놀이가 전승되었다고 한다. 일제강점기에 탈놀이의 맥이 끊겼다가 해방 후 오랜 시간이 걸려 복원되었다. 1980년 중요무형문화재로 지정되었고 현재 하회마을에 하회별신굿 전수회관을 두고 공연과 교육이 이루어지고 있다.

하회마을 입구에서 왼편으로 들어가면 커다란 원형 공연장이 있는데 하회별신굿 탈놀이 장이다. 하회마을에서는 주말마다 별신굿 탈놀이가 공연되고 있다. 하회마을에서 전승되는 탈은 기존의 탈과는 다른 종류와 형태를 가지고 있다. 각시탈, 양반탈, 부네팔, 중탈, 초랭이탈, 선비탈, 이매탈, 백정탈, 할미탈 등 아홉 개는 현재까지 전승되고 있다. 아쉽게도 떡달이탈, 별채탈, 총각탈 세 가지는 일제강점기에 사라졌다고 전한다.

하회탈은 오리나무로 만들며 정월 초하루에서 보름까지 별신굿을 하며 마을의 액을 쫓았는데 순서는 대충 이러하다. 서낭당에서 신내림을 받은 다음 서낭신을 태우고 오는 무동마당, 부정한 것을 몰아내고 복을 부르는 주지마당, 소를 잡는 백정마당, 고단한 질곡의 삶을 희화화한 할미마당, 파계승을 주제로 한 중마당, 지배층의 허위를 풍자하는 양반 · 선비 마당, 허 도령과 김씨 처자를 위무하는 혼례마당, 모의적으로 연행하는 신방마당, 무당이 연행하는 헛천거리굿으로 마무리했다.

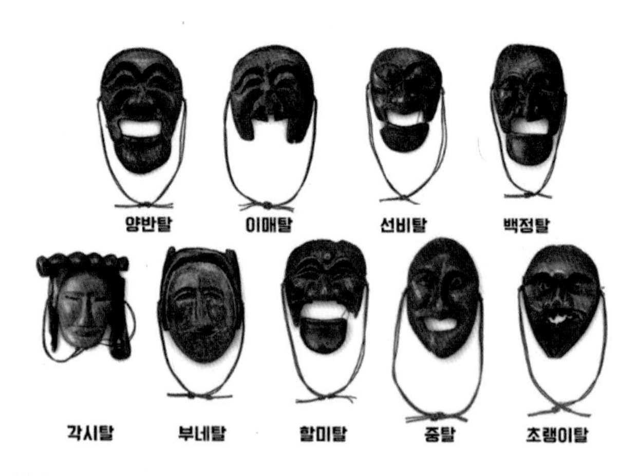

하회탈

하회탈춤에 대해서 더 자세히 알고 싶다면 하회마을 입구에 있는 세계탈박물관을 방문하면 된다. 근래에 하회탈춤은 세계화를 꾀하고 있는데 안동에서 매년 거행하는 세계탈춤 페스티벌에서도 만나볼 수 있다.

한여름 밤의 선유줄불놀이

하회마을에는 양반 문화의 정점에 있는 특별한 놀이가 하나 있다. 음력 7월 16일, 별빛이 가득한 한여름 밤에 하회의 선비들이 중심이 되어, 부용대 단애(斷崖) 밑을 흐르는 강 위에서 선유시회(船遊詩會)를 겸한 불꽃놀이 축제(祝祭)를 한다. 바로 선유줄불놀이다. 이 축제를 오늘날은 속칭 '하회줄불놀이'라 하는데 조선시대 양반이 즐기던 놀이의 절정이라고 할 수 있다.

하회마을 북단에 있는 부용대 정상에서 화천(花川)과 백사장(白沙場)을 가로질러 만송정(萬松亭)의 송림(松林)까지 동아줄을 걸고, 그 줄에 수백 개의 숯가루 봉지를 매달아 공중에서 불꽃들이 터지게 하는 것이다. 뽕나무 뿌리와 소나무 껍질을 각각 태워서 숯을 만들고, 그 숯을 빻아 가루로 만든 후 이 숯가루들을 소금과 혼합시켜서 불을 붙이면 백사장 상공 여기저기에서 은은하게 작은 불꽃들이 터져서 하늘의 은하수가 아래로 내려오는 것 같은 느낌이 든다. 때마침 화천에서는 '달걀불'이라 부르는 등불들이 상류로부터 유유히 떠내려오면서 그 불빛이 강물에 아롱거리는 가운데, 선비들은 강 위에 배를 띄우고 저마다 시를 지어 읊었다.

시 한 수가 지어질 때마다 부용대 정상에서 불붙인 솔가지 묶음을 절벽 아래로 던져 활활 타는 불꽃이 절벽 아래로 폭포(瀑布)처럼 떨어질 때, 백사장과 배 위의 모든 사람이 일제히 "낙화야"라고 소리친다.

낙화(落火)는 백사장 위로 은은하게 떨어지는 수없이 작은 불꽃과 강 위에 떠서 흘러가는 달걀불과 조화를 이루면서 불꽃놀이의 흥취를 고조시킨다. 선유줄불놀이는 한마디로 조선시대 양반 문화의 최상층에서 만나볼 수 있는 고급 불꽃놀이로 요사스런 귀신을 물리치는 벽사의 의미도 있다고 한다. 하회마을에서는 해마다 여름철이면 선유줄불놀이를 시연하고 있는데 양반놀이의 결정판을 보고 싶은 이들에게 추천한다.

선유줄불놀이 선비들이 즐기던 놀이. 시 한 수가 지어질 때마다 부용대 정상에서 불붙인 솔가지 묶음을 절벽 아래로 던져 활활 타는 불꽃이 절벽 아래로 폭포처럼 떨어질 때, 백사장과 배 위의 모든 사람이 일제히 "낙화야"라고 소리친다.

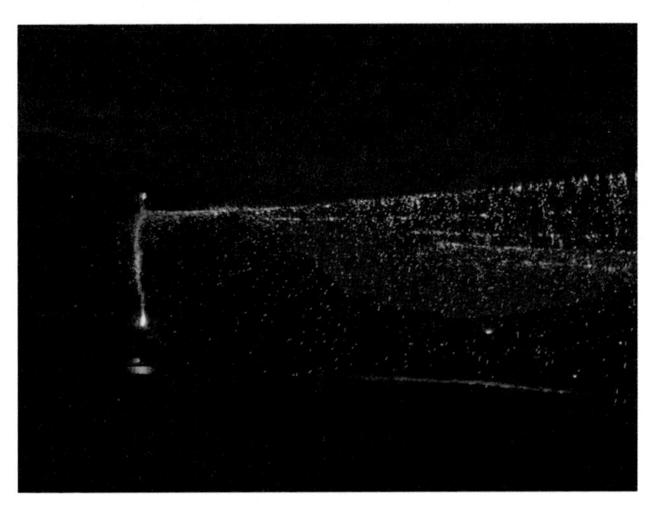

21

권정생 토담집

안동이 낳은 아동문학가

권정생 선생이 생전에 살던 마을의 이름은 일직면 조탑리이다. 동네에 이런 이름이 생긴 것은 마을 가운데 커다란 전탑이 있기 때문이다. 남안동 IC로 들어가다가 오른편으로 난 도로를 따라 들어가면 전탑이 있는 작은 동네가 나타난다. 마을 입구에는 손홍량(1287~1379) 유허비가 세워져 있다. 손홍량은 고려 공민왕이 홍건적의 난을 피해 안동에 내려왔을 때 공민왕을 보좌하면서 홍건적을 무찌르는 데 큰 공을 세웠던 인물이다. 그는 공민왕으로부터 궤장과 초상을 하사받았는데 일직면에 큰 영지가 있었을 것으로 짐작된다.

이 마을에 있는 안동 조탑리 5층전탑(安東造塔里五層塼塔)은 조탑리 마을의 남쪽 들판에 있는데, 주변에서는 절터로 추정할 만한 유물이 확인되지 않았다. 하지만 넓은 들 주변이 산으로 둘러싸인 것이나 전탑의 규모를 보면 이곳에 큰 절이 있었을 것으로 누구나 짐작할 수 있다. 필자는 통일신라시대 이곳에 존재했던 커다란 사찰을 상상하곤 한다. 이 넓은 공간을 가득 메우는 큰 건물들과 스님들의 독경 소리를 떠올리면서 재미있는 이야기를 생각해 보기도 한다. 이곳에 살았던 권정생 선생도 그러했을 것이다.

빌뱅이 언덕 아래 작은 흙집

권정생은 안동에서 배출한 가장 유명한 아동문학가이다. 그는 일본 도쿄에서 태어나 광복 직후 우리나라로 돌아왔다. 귀국 후에도 살림이 어려워서 초등학교도 겨우 졸업했고, 생계를 위해 나무장수, 고구마 장수, 건설 노동자 등 궂은일을 하며 자랐다. 19세에 폐병이 걸렸지만 항생제를 제대로 보급받지 못해서 폐결핵과 늑막염이 걸려 사람 구실을 하지 못할 정도였다고 한다.

엎친 데 덮친 격으로 부모님이 돌아가시면서 그는 1967년 일직면 조탑동 일직교회 근처의 빌뱅이 언덕에 있는 토담집에서 기거하며 성당 종지기로 일하게 되었다.

아동문학가 권정생 마을 사람들은 아무도 그가 유명한 동화작가라는 사실을 알지 못했다. 금방이라도 쓰러질 것 같은 집에서 살았고, 가난 때문에 얻은 병 때문에 항상 병약했었다. 그는 작고 보잘것없는 것들에 대한 따뜻한 애정과 굴곡 많은 역사를 살아온 사람들의 삶을 보듬는 진솔한 이야기로 많은 사랑을 받았다.

빌뱅이 언덕 아래에 있는 작은 흙집은 조악해서 여름이면 지붕에서 빗줄기가 삼줄기처럼 떨어지고 창호지 구멍으로 개구리가 들어올 정도였다고 한다. 하지만 그는 이런 열악한 곳에서 혼자 살면서 아름다운 동화를 썼다.

마을에 들어서서 동화처럼 예쁜 하얀 다리를 건너면 권정생 선생님과 개 한 마리가 있는 표지판이 있다. 표지판이 가리키는 곳으로 걸어가면 선생이 살던 집을 찾을 수 있다. 마을에서 떨어진 외딴집으로 더위를 식히는 동네 할머니들이 집 앞 느티나무 그늘에 앉아 이야기를 나누고 계셨다.

권정생 선생의 옛집을 찾아오는 사람들을 위해 집 맞은편에는 앙증맞고 깨끗한 화장실이 만들어져 있었다. 그곳에서 바라보면 입구 쪽에 멍하니 앉아 있는 큰 개 한 마리가 보인다. 살아있는 개가 아니고 조형물로 만들어 놓은 것이다. 풀숲에 앉아 있는 개가 똥을 누는 것처럼 보인다. 집 뒤쪽으로 나 있는 개울물을 따라 조성된 돌길을 걸어가면 선생이 생전에 즐겨 찾았다는 빌뱅이 언덕이 있다. 이 언덕은 권정생 선생이 생전에 가장 좋아했던 공간으로 알려져 있다. 해 질 녘이 되면 빌뱅이 언덕에 올라 서산으로 저물어 가는 노을의 장관을 바라보길 좋아했다고 한다. 권정생 선생이 만든 수많은 이야기가 이 언덕에서 만들어진 것은 아닐까?

가난하고 약한 것들에 대한 희망

권정생 하면 떠오르는 것이 『강아지똥』이다. 선생은 1969년 단편동화 『강아지똥』을 발표하며 등단했다. 이 작품은 신춘문예에서 제목 때문에 심사실에서 1차 탈락해 휴지통에 떨어져 있던 작품인데 시간이 많았던 심사위원이 우연히 그것을 정독해 읽어 보고 마음이 바뀌어 당선되었다고 한다. 이 작품으로 권정생 선생은 『기독교 교육』에서 제1회 아동문학상을 수상하게 되었다. 그 후, 1973년 『무명 저고리와 엄마』가 조선일보

신춘문예에 당선되면서 본격적인 동화작가로서 활동하게 된다. 『사과나무 밭 달님』, 『바닷가 아이들』, 『점득이네』, 『하느님의 눈물』, 『밥데기 죽데기』, 『또야 너구리가 기운 바지를 입었어요』, 『몽실 언니』, 『먹구렁이 기차』, 『깜둥 바가지 아줌마』 등 많은 어린이책과, 소설 『한티재 하늘』, 시집 『어머니 사시는 그 나라에는』 등을 펴냈다.

이렇게 유명한 작가였지만 일직면 사람들은 아무도 그가 유명한 동화작가라는 것을 알지 못했다. 금방이라도 쓰러질 것 같은 집에서 살았고, 가난 때문에 얻은 병 때문에 항상 병

몽실언니 조형물

약했었다. 잘 먹지 못해서 죽으로 끼니를 때웠고, 손님이 찾아가면 손님 접대를 하지 못해서 항상 미안해 하셨다.

권정생의 작품에는 힘이 없고 약한 주인공이 대부분이다. 자신의 처지와 일치되는 동화 주인공을 통해서 가난하고 약한 것들에 대한 희망을 이야기했다. 대표작인 『강아지똥』은 작고 보잘것없는 것들에 대한 따뜻한 애정을 담았고, TV드라마로 방영된 『몽실 언니』는 굴곡 많은 역사를 살아온 사람들의 삶을 보듬는 진솔한 이야기로 많은 사랑을 받았다. 안동시에서는 『엄마까투리』를 애니메이션으로 만들어 많은 어린이의 사랑을 받고 있다. 2007년 선생이 세상을 떠나신 후, 마을 사람들은 권정생 선생이 유명한 사람인 것을 그제서야 알았다고 한다.

시간이 갈수록 돌아가신 선생을 기리자는 여론이 많아서 안동시에서는 일직면 망호리의 폐교된 일직남부초등학교 건물을 리모델링해 2014년 4월 29일 권정생 동화나라를 개관했다. 동화나라의 건물 앞쪽에서는 권정생 선생의 대표적인 동화를 형상화해 놓은 각종 조형물을 만날 수 있다. 강아지똥, 몽실언니, 엄마까투리 등 어린이들이 좋아할 만한 조형물들이 손님들을 맞이한다. 1층은 전시장과 사무실이 있는 곳으로 권정생 선생의 삶과 문학에 관해 알 수 있다.

22

원이엄마 테마공원

지고지순한 사랑의 편지

안동 사람들은 서울 사람들처럼 낙동강 너머를 강남이라고 부른다. 강의 남쪽에 있는 땅이니 강남이 맞긴 맞다. 예전에는 산과 논밭이 전부인 동네였는데 1988년 택지개발을 하면서 시가지가 조성되어 아파트도 들어서고 법원 같은 공공건물도 들어서면서 제법 규모가 큰 신도시가 되었다. 1998년 안동시에서 택지를 개발하는 와중에 이름 모를 무덤에서 완벽하게 보존된 미이라 한 구가 발견되었다. 처음에는 시신을 보호하는 외관을 보고 최근의 무덤이 아닌가 생각했으나 발굴 작업이 진행되자 400여 년 전 조선시대 무덤이란 것을 알게 되었다.

무덤 속에서 온전히 그대로 보존되어 있는 옷가지와 여러 가지 소품들이 나왔는데 그 가운데 요절한 남편을 그리는 애절한 사연이 담긴 아내의 편지와 남편의 회복을 기원하는 미투리가 발견되면서 큰 화제가 되었다. 당시 KBS TV 〈역사스페셜〉에서 '조선판 사랑과 영혼'이라는 프로그램으로 방영되었으며 세계적인 고고학 저널인 『앤티쿼티』에 표지논문으로 실릴 정도로 이때 발견된 유물과 편지의 내용은 감동이었다.

원이 아버지께
당신 언제나 나에게 '둘이 머리 희어지도록 살다가 함께 죽자'고 하셨지요.
그런데 어찌 나를 두고 당신 먼저 가십니까?
나와 어린아이는 누구의 말을 듣고 어떻게 살라고 다 버리고 당신 먼저 가십니까?
당신 나에게 어떻게 마음을 가져왔고, 나는 당신에게 어떻게 마음을 가져왔었나요?

함께 누우면 언제나 나는 당신에게 말하곤 했지요.
"여보, 다른 사람들도 우리처럼 서로 어여삐 여기고 사랑할까요? 남들도 정말 우리 같을까요?"

어찌 그런 일들 생각하지도 않고, 나를 버리고 먼저 가시는 가요. 당신을 여의고는 아무리 해도 나는 살 수 없어요.
빨리 당신에게 가고 싶어요. 나를 데려가 주세요.
당신 향한 마음을 이승에서 잊을 수 없고, 서러운 뜻 한이 없습니다. 내 마음 어디에 두고,
자식 데리고 당신을 그리워하며 살 수 있을까 생각합니다.

이내 편지 보시고 내 꿈에 와서 자세히 말해 주세요.
당신 말을 자세히 듣고 싶어서 이렇게 글을 써서 넣어드립니다. 자세히 보시고 나에게 말해 주세요.

당신 내 뱃속의 자식 낳으면 보고 말할 것 있다 하고 그렇게 가시니, 뱃속의 자식 낳으면 누구를 아버지라 하라시는 거지요? 아무리 한들 내 마음 같겠습니까?
이렇게 슬픈 일이 또 있겠습니까? 당신은 한갓 그 곳에 가 계실 뿐이지만, 아무리 한들 내 마음같이 서럽겠습니까? 한도 없고 끝도 없어 다 못 쓰고 대강만 적습니다.

이 편지 자세히 보시고 내 꿈에 와서 당신 모습 자세히 보여 주시고 말해 주세요. 나는 꿈에는 당신을 볼 수 있다고 믿고 있습니다. 몰래 와서 보여 주세요.
하고 싶은 말, 끝이 없어 이만 적습니다.

병술 유월 초하룻날 집에서 아내 올림

원이엄마가 한글로 쓴 편지 400여 년 전 안동에 살았던 원이엄마가 먼저 세상을 떠난 사랑하는 남편에게 보내는 애절한 편지. 현재 안동법원 앞, 무덤이 발견되었던 자리에 원이엄마 테마공원이 조성되었고 미투리를 가슴에 안은 원이엄마상을 볼 수 있다.

무덤의 주인공은 고성이씨(固城李氏) 이응태(李應台, 1556~1586)이다. 아이를 뱃속에 둔 젊은 아내와 어린 아들, 부모 형제를 두고 서른한 살의 나이로 이응태는 세상을 떴다. 편지를 보면 당시의 정황을 짐작할 수 있다. 이응태가 젊은 나이(31세)에 병석에 눕자 아내(원이엄마)는 남편의 병이 낫기를 기원하면서 자신의 머리카락과 삼을 엮어 정성껏 미투리를 삼았다. 그러나 남편은 그 신을 신어 보지도 못한 채 끝내 저 세상으로 가버리고 말았다. 서로를 사랑하며 백발이 될 때까지 함께 해로하자고 소망했던 이들 부부의 꿈은 남편의 요절로 이룰 수 없었다. 하지만 아내가 마지막 남긴 편지 속에서 두 사람의 사랑은 영원할 수 있었다.

현재 안동법원 앞, 무덤이 발견되었던 자리에 원이엄마 테마공원이 조성되었고 미투리를 가슴에 안은 원이엄마상을 볼 수 있다. 횡단보도 건너편에는 원이엄마 편지글 조각상과 쌍가락지 조형물, 반원형 야외무대 등 여러 가지 조경시설을 갖추어 놓았다. 원이엄마 편지는 담장에 조각해 붙여 놓았는데 가슴 절절한 사연이 널리 퍼지면서 원이엄마를 다룬 소설 『능소화』가 출간되었고, 뮤지컬 『원이엄마』도 안동에서 공연되어 진실한 사랑의 이야기를 전하고 있다. 이 무덤에서 나온 유물들은 현재 안동대학교박물관 3층에 상설 전시되어 있다.

23

내앞마을

영남의 길지 : 백하구려 · 백운정 · 경상북도 독립운동기념관

『택리지』의 저자 이중환은 영남의 길지로 도산, 하회, 닭실, 천전을 꼽았다. '천전(川前)'은 옛날 이름으로 현재는 우리말인 '내앞'이라고 부른다. 마을 앞으로 반변천이 흐르기 때문이다. 책에서는 내앞마을을 일러 '완사명월형국(浣紗明月形局)'이라고 했다. 풀어 보면 밝은 달 아래 비단을 씻어 널어놓은 듯한 형상이라는 것이다. 예로부터 세상을 다스릴 귀인과 부자가 많이 나오는 땅을 의미하는데 내앞마을이 바로 그런 곳이라고 한다.

임하댐이 들어서기 전 내앞마을 앞은 모래사장에 자갈돌이 깔려 있는 맑은 물이 흐르던 곳이었다. 고등학교 다닐 때

11번 버스를 타고 와서 이곳 솔숲에서 놀았던 기억이 아직도 선명하다. 그땐 마을 앞쪽에 음식점이 있어서 물놀이를 마치고 닭백숙을 시켜 먹었다. 강물이 흐르는 곳에는 수기(水氣)를 막기 위해서 소나무를 심었는데 하회 만송정과 비슷하게 이곳에도 개호송 숲이 있다. 내앞마을을 개간할 때 심었던 것이라 크기가 굵고 하나같이 위용이 당당하다.

내앞마을(의성김씨 집성촌)

내앞마을에서 유명한 고택은 청계 김진(靑溪 金璡, 1500~1580)이 지은 의성김씨 종가 건물이다. 안동에서 의성김씨 청계종택이 유명한 이유는 '오자등과댁(五子登科宅)'이기 때문이다. 여기에는 전해져 오는 이야기가 있다.

김진이 대과 시험을 준비하고 있던 어느 날 관상가가 불쑥 찾아와 이런 말을 했다고 한다. "살아서 벼슬을 하면 참판에 이를 것이나 자손 기르기에 힘쓰면 죽어서 판서에 오를 것입니다." 김진이 곰곰이 생각하다가 관상가의 말을 따라 자식 교육에 힘을 썼다고 한다. 후에 김진의 다섯 아들 중 세 명은 문과에 급제하고 두 명은 소과에 급제했다. 김진의 다섯 아들은 극일(克一), 수일(守一), 명일(明一), 성일(誠一), 복일(復一)이다. 그 가운데 가장 현달했던 학봉 김성일은 김진의 넷째 아들이다.

"사람이 차라리 곧은 도(道)를 지키다 죽을지언정 무도하게 사는 것은 옳지 않으니, 너희들이 군자가 되어 죽는다면 나는 그것을 살아 있는 것으로 여길 것이고, 만약 소인으로 산다면 그것을 죽은 것으로 볼 것이다." 김진은 아들들에게 이렇게 훈계했다고 한다. 다섯 자식을 급제시킨 청계 김진은 의성김씨 천전파의 파시조가 된다. 관상가의 말마따나 김진은 이조판서에 추증되었고 안동 사빈서원(泗濱書院)에 제향되었다. 내앞마을은 의성김씨 집성촌이라 후손들이 지은 고택들이 많다. 일일이 소개할 수 없고 그중에서 한 가지를 소개하자면 백하구려(白下舊廬)를 들 수 있다.

백하구려

처음 듣는 사람들은 '백하구려'라는 말을 듣고 이상하게 생각한다. 고택이라면 응당 종택이나 고택, '당(堂)'이나 '헌(軒)'이라는 이름이 붙는데 백하구려라니? 고구려도 아닌 백하구려라는 집 이름에 호기심을 품게 된다. 백하구려는 구한말 독립운동가였던 '백하 김대락이 살던 옛집'이라는 뜻이다.

백하 김대락은 1845년(헌종 11) 내앞마을에서 권문세가 의성김씨 가문의 장자로 태어났다. 백하의 집은 아버지가 금부

백하구려 '백하 김대락이 살던 옛집'이라는 뜻. 평생 노선비로 살아온 백하는 신학문을 배워야 한다는 것을 깨닫고 자신의 50칸 사랑채를 '협동학교' 교실로 제공한다. 나라가 망하자 1910년 서간도 유하현 삼원포에 망명하여 뒤이어 온 매부인 임청각의 석주 이상룡과 함께 신흥학교를 시작으로 독립운동에 매진하였다.

도사를 지내 '도사댁'으로 불렸는데 '사람 천석, 글 천석, 살림 천석'이라 해서 '삼천석댁'으로 유명세를 자랑할 만큼 학문과 경제력을 두루 갖춘 집안이었다.

하지만 일제의 침입으로 나라가 기울자 백하 김대락의 의식이 변화하기 시작했다. 매부인 석주 이상룡이 계몽운동 단체인 대한협회 안동지회 설립을 추진하면서 건네준 대한협회 기관지를 읽고 평생 전통 유림으로 살아온 노선비의 사상은 일대 전환을 이루게 되었다. 세상은 변했고, 시대의 흐름에 따라 나라를 개조하기 위해서는 신학문을 배워야 한다는 것이다. 그는 자신의 50칸 사랑채를 '협동학교' 교실로 제공하고, 학교의 확장에 노력했다. 하지만 이러한 노력에도 불구하고 일제는 조선의 국권을 빼앗고 만다.

독립운동에 앞장선 66세의 선비

김대락은 나라가 망하자 또 한 번의 고된 길을 선택했다. 그는 고민 끝에 만주로 망명길을 택했다. 백하는 66세의 노구를 이끌고 겨울 칼바람 속에 고향을 떠났다. 만삭의 임산부였던 손부와 손녀까지 대동하고 망명길을 떠난 것이다. 그의 망명길에는 내앞 문중의 수많은 사람이 함께했다고 한다. '만주벌 호랑이'라 불리던 독립운동가 일송 김동삼도 내앞마을 사람이다. 김대락은 1910년 12월 24일 고향 내앞마을을 떠나 유하현 삼원포에 도착해 자리를 잡았다. 뒤늦게 임청각의 석주 이상룡이 합류해 서간도에서의 독립운동이 시작되었다.

백하 선생은 이상룡의 든든한 뒷배였다. 그는 몇 차례나 신흥무관학교의 교장으로 추대되었으나 늙었다는 이유로 사양하고 학생들에게 면학을 독려하며 독립군을 양성하는 중요한 역할을 했다. 그는 앞에 나서지 않았고 항상 뒤에서 드러나지 않게 행동했다. 백하 김대락은 1914년 12월 10일 삼원포남산에서 눈을 감았다. 그 후, 그의 무덤을 찾지 못해서 유골은 되찾지 못했지만 고향 내앞마을의 백하구려(白下舊廬)를 통해 우리는 백하 김대락의 행적을 기억할 수 있다.

백하구려를 찾아갔을 때 대문 앞에 무궁화가 환하게 피어 있었다. 백하구려 사랑채 앞 화단에는 바윗돌이 하나 있는데 '귀신 나오는 바위'라고 한다. 바위에 나쁜 귀신이 나온다면 당장 치워버렸을 것이지만 좋은 귀신이 나오니 사랑채에 놓아두었다고 생각해 본다. 사람이 살지 않는지 안채로 들어가는 문은 잠겨 있고 오가는 사람 없이 고요해 쪽마루에 잠시 앉았다가 되돌아왔다.

내앞마을 맞은편 백운정

안동 사람들은 이곳에 놀러 올 때 흔히 "백운정에 놀러 간다"고 했다. 과거 11번 버스의 종점이었던 이곳은 물놀이하기 좋을 정도로 물이 맑았고, 고기도 잘 잡혔다. 해가 기울어 붉은 노을이 가득한 저녁 무렵 파리 낚시에 잡히는 피라미들은 수를 셀 수 없을 정도였다. 튀겨도 먹고 매운탕으로도 먹고, 물이 얕아 천렵하고 피서하기 좋은 곳이 백운정이었다. 백운정은 내앞마을에서 강 건너 언덕 위에 있는 정자였다. 옛날에는 얕은 강을 건너갈 수 있었지만 요즘은 임하호 보조댐 때문에

백운정 귀봉 김수일이 부친 김진에게 땅을 얻어서 1568년에 내앞마을에서 강 건너 언덕 위에 지은 정자. 백운정 편액의 마치 흰 구름처럼 날아오르는 것 같은 글씨는 미수 허목이 90세에 쓴 것이라고 한다. 미수 허목은 성리학자이자 역사가이며 시인이며 화가로 일가견이 있던 분이다.

물이 고여 갈 수 없다. 백운정으로 가기 위해서는 보조댐을 통해 가야 한다. 허락을 받아야 갈 수 있기에 무척 성가시다.

백운정은 귀봉 김수일이 부친 김진에게 땅을 얻어서 1568년에 지은 정자이다. 이름을 '백운정'이라 지은 것은 '백운고비(白雲孤飛)'의 고사에서 유래한다. 당나라 시절 재상을 지낸 적인걸이 태행산에 올랐을 때, 흰 구름이 외롭게 떠 있는 것을 보고 "내 어버이 집이 저 아래에 있다" 하며 슬퍼했다고 한다. 백운고비(白雲孤飛)는 객지에서 어버이를 그리는 효자의 마음을 대변하는 고사로 귀봉 김수일이 아버지를 그리는 뜻이 반영되어 있다. 청계파의 후손들은, 정자 마루에 오르면 청계 종택과 내앞 아래위 동네가 한눈에 내려다보이고, 개호송 너머 비리실에 있는 김진의 부친 김예범의 묘소가 보이므로 정자 이름이 백운고비의 고사와 맞아떨어진다고 말한다.

백운정의 편액은 미수 허목의 글씨로 90세에 쓴 것이라고 한다. 미수 허목은 성리학자이자 역사가이며 시인이며 화가로 일가견이 있던 분이다. 백운정의 글씨가 마치 흰 구름처럼 날아오르는 것 같은데 이름난 명사의 글은 뭐가 달라도 다른 법이다. 편액 좌우로는 청계공의 시판과 귀복 형제들의 시판이 걸려 있다. 방안에도 시가 걸려 있는데 약봉 김극일, 학봉 김성일이 남긴 것이다.

마당 가장자리에 320년 수령의 향나무와 회화나무가 옛 기억을 간직하면서 우두커니 서 있다. 옛말마따나 인걸은 간 곳 없고 산천만 의구하다. 백운정에서 내앞마을을 바라보면 강 건너에 무성한 소나무 숲이 있다. 하천의 경계를 따라 길게 둘러서서 마을을 보호하는 것 같은 이 숲을 개호송 숲이라고 부른다.

개호송 숲

개호송(開湖松) 숲은 조선 성종 무렵에 김만근 선생이 내앞마을 앞에 물이 흘러가는 자리가 허술해 그것을 메우기 위해 조성한 것이다. 풍수적으로 완사명월형(浣沙明月形)으로 알려진 내앞마을의 부족함을 채우기 위해 인위적으로 조성되어 보호해 온 마을 숲이다. 장마나 태풍 때 반변천의 범람을 막기 위해 소나무 숲으로 둑을 조성하는 송제(松堤)의 역할도 기대했던 것 같다. 하지만 임진왜란 직후인 선조 38년(1605) 대홍수 때 개호송 숲은 유실되었고, 운천 김용 선생의 발의로 다시 조성되었다. 내앞마을과 개호송 숲은 300여 년 전에 제작된 허주 이종악의『허주산부군수화첩(虛舟山府君水畵帖/半邊川十二景)』에서 '운정풍범(雲亭風帆)'이라는 제목으로 그려졌다. 의성 김씨 문중에서는 '개호금송완의(開湖禁松完議)'라는 문중 규약을 만들어 이 숲을 보호해 왔다고 전한다.

커다란 소나무가 울창한 개호송 숲은 요즘 들어 캠핑족들이 자주 찾는다고 한다. 하회마을에 만송정이 있고 의성 사촌마을에 사촌 가로 숲이 있듯이, 내앞마을의 개호송 숲은 농경지를 보호하고 바람과 물의 장애 요인을 제거하기 위한 수구막이 숲으로, 혹은 풍수적 비보림(裨補林)으로 사랑받고 있다.

경북 북부권 독립운동사의 요람

안동은 퇴계 학맥의 정통을 계승한 선비 정신을 바탕으로 수많은 유학자를 배출한 도시이다. 한말 일제에 의해 나라를 빼앗기자 의병을 일으키고 독립운동을 시작했는데 그 결과로 전국 어느 곳보다 많은 독립유공자와 자정순국자를 배출했다. 안동시는 2003년에 안동지역 독립운동가들의 업적과 정신을 계승 발전시키기 위해 내앞마을 옛 천전초등학교 부지에 안동독립기념관을 지었다. 독립기념관은 안동 최초로 계몽운동을 펼친 협동학교가 있던 자리였기에 건립의 의미가 컸다. 이육사문학관이 착공된 것도 이 시점이었다.

4년간의 공사 끝에 2007년 8월 안동독립운동기념관이 개관했고 초대 독립기념관장으로 안동대학교 사학과 교수인 김희곤 교수가 취임했다. 기념관에는 안동지역 독립운동가들의

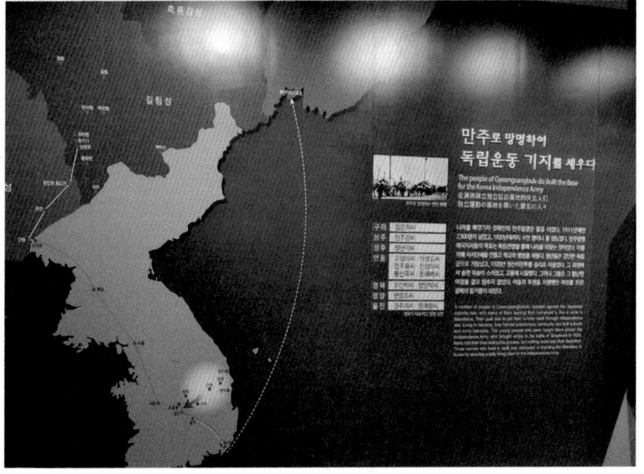

경상북도 독립운동기념관 한말 일제에 의해 나라를 빼앗기자 안동의 수많은 유학자가 의병을 일으키고 독립운동을 시작했다. 그 결과로 전국 어느 곳보다 많은 독립유공자와 자정순국자를 배출했다. 기념관에는 안동지역 의병항쟁과 계몽운동, 순국 그리고 독립운동사를 시대와 인물, 사건 별로 전시해 놓았다.

다양한 자료가 전시되었고 의병항쟁과 계몽운동, 순국 그리고 독립운동사를 시대와 인물, 사건별로 전시했다. 안동시의 후원으로 운영되던 독립기념관은 알려지지 않은 독립운동가들을 찾아내는 성과를 내기 시작했다. 김락 같은 이들이 대표적이다. 어머니 김락이 3 · 1운동에 참가했다가 순사들의 고문에 두 눈을 잃었다는 사실을 아들 이동흠의 경찰조사 문서에서 발견한 것이다. 독립기념관이 들어서면서 알려지지 않았던 수많은 독립유공자가 빛을 보게 되었다. 독립운동가를 발굴하고 독립지사들을 알리는 일은 경상북도로 확장되게 되었다. 결국 2015년 경상북도 독립운동기념관으로 이름을 바꾸고 더 넓은 부지에 기공되었고 2017년에 새롭게 준공되었다. 경상북도 독립운동기념관은 경상북도를 통합하는 독립운동기념관으로 여러 가지 프로그램이 신설되었다.

독립전쟁 체험관

신흥무관학교를 체험할 수 있는 독립전쟁 체험관이 그것이다. 신흥무관학교 강습소에서 독립전쟁을 주제로 하는 강의를 받고 연병장에서 독립운동가들의 체육 활동을 체험할 수도 있다. 태봉전투장에서는 전통 호국무예를 시연하고 활쏘기와 사격을 체험할 수 있다.

청산리전투장은 청산리전투를 체험하기 위한 GPR 시스템을 갖추고 서바이벌 게임을 운영하고 있다. 아이들과 어른들은 이곳에서 실제 전투 체험을 할 수 있다. 백서농장에서는 다양한 훈련과 농장 체험을 할 수 있으며 서로군정서 전투장에서는 독립전쟁 체험을 위한 페인트볼 서바이벌 게임을 운영하고 있다. 과거에는 볼거리에 그쳤으나 최근에는 관람객이 직접 체험할 수 있는 다양한 프로그램을 운영해 아이들과 어른들에게 독립정신을 고취하고 있다. 그 밖에도 기념관에서는 학술 활동을 통해 숨겨진 독립운동을 발굴하고 학생들과 직장인들의 교육도 담당하고 있다.

필자는 2018년에 만주 독립운동 사적지를 탐방한 적이 있는데 일주일간의 만주 탐방을 통해서 당시 독립운동가들이 얼마나 힘들게 독립운동을 했는지 알 수 있었다. 역사를 잊어버린 민족에게 미래는 없다고 한다. 안동에 왔다면 반드시 경상북도 독립운동기념관을 방문해 경북지역 독립운동사를 둘러보면 좋을 것 같다.

24

임하댐과 수몰 유적 이야기

물속에 잠겨 버린 문화유산

내앞마을 앞, 독립운동기념관 앞에는 세 갈래 길이 있는데 오른편으로 빠져서 곧장 들어가면 임하댐이 나타난다. 4대강 유역 종합개발계획의 일환으로 1984년 12월 29일 착공해 1994년 건설 사업이 완료된 다목적 댐으로 낙동강의 제1지류인 반변천(半邊川)의 상류 18㎞ 지점에 있다. 다목적 사력 댐으로 연간 9,670만㎾h의 전력을 생산하고, 연간 5억 9,200만㎥의 생활용수 · 공업용수 · 관개용수 및 금호강 하천 유지용수를 공급하고 있다. 임하댐에 관해 사전적으로 나와 있는 내용이다.

안동에서 오랫동안 살아온 필자는 정치인들의 논리를 이

해하기 어렵다. 안동댐이 있는데 또다시 임하댐이 생겨나면서 안동이 두 개의 큰 호수에 갇혀 버린 듯한 느낌이 든다. 댐이 만들어지면서 아름다운 반변천의 자연은 사라져 버렸고, 전통이 있는 집성촌과 마을들도 수몰되어 버렸다. 고택들은 물을 피해 산으로 올라가고, 면민들은 다른 지역으로 이사 가거나 산 위의 마을로 옮겨졌다.

무실마을

무실마을은 400여 년 전 전주유씨 수곡파의 파시조인 인의공(引儀公) 유선(柳善)의 아들 유성(柳城)이 의성김씨 동성마을인 내앞마을의 청계 김진의 사위가 되어 이곳에 입향한 이래 전주유씨 동성마을이 되었다. 유성(1533~1560)은 27살에 어린 아들 두 명을 두고 요절한다. 외갓집의 보살핌 속에 자란 큰아들 기봉 유복기(1555~1617)는 임진왜란 때 최연소로 의령에서 의병을 일으킨 곽재우 의병과 창녕 화왕산 전투에서 공을 세웠고, 작은아들 유복립은 외삼촌 학봉 김성일을 따라 진주성을 지키다가 순절해 후손이 없다. 그래서 지금 무실파 자손들은 기봉 유복기의 후손들이다.

청계 김진이 쓰려고 한 묘터를 사위 유성이 일찍 죽자 양보한다. 그 터가 명당이라 무실유씨들이 발복해 많은 학자와 선비가 나왔다고 한다. 현재 무실마을은 임하댐 건설로 수몰되어 마을의 고택들이 모두 산으로 옮겨졌다. 수곡교를 사이에 두고 임동면 소재지 언덕 경사면에는 정재종택과 만우정이 자리 잡았고, 다리 건너 무실에는 무실파 대종택과 기양서당, 충의체험 학습관, 수애당, 정력각이 들어서 있다. 이곳 말고도 무실마을의 많은 유적은 경상북도 구미시 해평면 일선리로 집단 이건되었다.

절경 도연폭포

수몰로 사라진 자연환경도 있다. 도연폭포다. 도연폭포, 격진령, 선유창벽은 '도연삼절(陶淵三絕)'이라 불렀다. 일월산에서 발원해 흐르는 반변천이 본류인 만큼 아무리 가물어도 물이 끊기는 일이 없고 특히 홍수 때 도연폭포를 통과하는 물의 양은 전국의 어느 폭포와 비교할 수 없을 정도였다. 그래서 폭포 양편의 닳고 닳은 거대한 규암(硅岩)은 기름바위라 불렸고 폭포 밑은 질그릇같이 움푹 패인 소(沼)를 이뤄 그 깊이를 알 수가 없었다. 폭포를 뛰어오르지 못해 모인 고기떼들로 고기 잡는 천렵꾼들이 시장통처럼 바글거리던 곳이었다.

도연폭포는 옛날 도연의 용과 선찰사의 부처 사이에 강줄기를 두고 다투다가 용의 꼬리가 격진령의 허리를 잘라 버리

수몰로 사라진 도연폭포 일월산에서 발원해 흐르는 반변천이 본류인 만큼 아무리 가물어도 물이 끊기는 일이 없고 물의 양이 많아 장관을 이루었었다.

자 생겨났다는 전설이 전한다. 병자호란 때, 표은(瓢隱) 김시온(金是榲)은 이곳에 와룡초당(臥龍草堂)을 지어 학문을 닦고 후학을 키우면서 살았다고 한다. 수몰 전까지 폭포 뒤편 솔밭에는 김시온의 유허비인 숭정처사 유허비(崇禎處士遺墟碑)와 송정(松亭)이 서 있어, 도연을 사랑한 은둔 거사의 고절(高節)을 만날 수 있었다. 옛적엔 청계 김진 육부자(六父子)가 공부하던 장육당(藏六堂)도 있었다.

사빈서원과 터를 잃은 문화자원들

사빈서원은 원래 임하면 사의동 동구에 있었으나 마을이 임하댐으로 수몰되어 현 위치로 이건했다. 송석재사 역시 임하면 악사리에 있었던 것을 현 위치로 이건했다. 망천은 안동시 임동면 망천리에 있었다. 옛 몽선각 주변의 경승으로 댐 건설로 수몰되었다. 현재 그곳에 있던 몽선각(夢仙閣)은 안동시 임하면 천전리로 이건했다. 칠탄은 안동시 임하면 현 임하댐 본댐과 호계서원 부근의 깊은 여울이다. 현재 수몰된 문화자원을 일일이 다루자면 한도 끝도 없어서 이만 줄이겠다. 문화를 다루는 업을 하는 입장에서 보면 본래 있던 마을과 건물, 자연이 사라지는 것은 역사와 전통과 문화가 사라지는 것과 다름없는 일이다. 안동에서는 댐 건설이 두 번이나 있었다. 수많은 마을과 문화자원들이 터를 잃거나 이전되면서 문화와 전통과 역사가 퇴색되었다. 성장과 개발의 논리가 문화보다 앞서던 시대에 일어난 일이지만 안타까운 마음을 금할 수가 없다.

정재종택

임동면 언덕에 있는 정재종택은 퇴계 이황의 학문을 계승한 정재 유치명(1777~1861)의 종가이다. 정재 유치명은 전주유씨 집안의 불천위(不遷位) 다섯 사람 가운데 한 사람으로 순조 5년(1805)에 별시 문과에 병과로 급제해 벼슬길에 올라 1856년에 물러나 후진 양성에 힘을 쓴 명사이다. 그의 문하에서 배운 후진들과 제자들은 영남의 위정척사 운동과 의병 활동, 독립운동을 전개하는 데 주도적인 역할을 담당했다. 증조부인 유관현이 조선 영조 11년(1735)에 세운 이 집은 원래 임동면에 있었으나 임하댐 건설로 1987년 지금 있는 자리에 옮겨 세운 것이다.

정재고택은 '송화주(松花酒)'라는 가양주가 유명하다. 솔잎과 국화, 금은화, 인동초 등의 재료를 사용하기 때문에 송화주라는 이름을 얻었는데 100일 정도 숙성한 숙성주다. 송화주는 기온이 올라가면 보관이 어려워 식초로 변하기 전에 송화소주로 만들어 보관한다. 송화주는 오직 정재고택에서만 먹을 수 있기 때문에 고택에서 묵는 이들은 자연스럽게 송화주를 시음할 기회를 얻을 수 있다. 정재고택은 한옥 스테이로 유명한데 종가댁의 맛깔난 음식을 맛보고 싶은 여행객들이 많이 찾아오고 있다고 한다.

만우정은 국도변 좌측 산기슭에 다소곳이 서 있는 정자다. 만우정은 정재 유치명의 강학소로 정재가 벼슬을 그만두고 돌아온 이듬해(1857) 집안과 제자들이 힘을 합쳐 지은 정자다. 정자의 이름을 만우(晩愚)로 지은 이유는 '늦은 나이에 지어 풍경도 늦고, 계책도 늦었으니 스스로 어리석다'라는 의미다.

무실종택 · 수애당

국도를 벗어나 수곡교를 건너면 마을이 나타나는데 무실파 대종택과 기양서당 · 충의체험 학습관 · 수애당 · 정력각이 있다. 무실파 대종택은 17세기 말이나 18세기 초에 지은 것으로 추정하는데 정면 7칸 측면 6칸의 긴 건물이다. 안채를 둘러싼 긴 사랑채 한쪽을 정자형으로 돌출시켜 실용과 멋을 부렸다. 무실종택은 임하댐을 건설 중인 1988년 이곳으로 옮겨 왔다. 전주유씨 무실파의 대종택인 무실종택은 위압적이지 않고 소박한 분위기를 물씬 풍긴다. 솟을대문은 높직하고 담장은 야트막하다. 본채와 행랑채, 사당 모두 규모가 크지 않아 편안하고 아늑한 느낌이 든다.

반면 종택 아래에 있는 수애당은 길고 큰 건물이라 가정집이라기보다 객사나 관공서 같다. 수애당은 수애 류진걸이 일제강점기인 1937년에 지은 건물이라 전통 고택과는 다른 이질적인 느낌이 드는 건물이다. 집의 뼈대가 되는 나무들이 대부분이 크고 곧은 나무를 사용해서 굽은 나무를 사용한 전통 가옥과는 다른 딱딱한 기분이 든다. 당시에 이런 규모의 집은 큰 갑부라야 가능했다고 한다. 수애당을 지은 유진걸은 독립운동 양성학교인 협동학교 출신이며 토목기술자였다고 한다. 돈도 많았고 만주철도 기술자라 김일성이 보내주지 않아 북한에서 고향으로 돌아오지 못했다고 한다. 덕분에 가족들에게는 빨간색이 칠해져서 고생이 심했다고 한다. 하긴 안동에서 독립운동을 하던 이들은 대부분 만주에서 활동했으니 러시아의 지원을 암암리에 받을 수밖에 없었다. 러시아로 이주한 한인들은 대부분 경상도 사람들이었다.

전쟁 이후 남북이 분단된 상황에서 안동과 청송, 임동 지역의 독립운동가들은 붉은색이 칠해져서 독립지사로 대접받지 못했다. 임청각의 이상룡, 백하구려의 김대락처럼 임동지역의 독립운동 지사들도 푸대접을 받아 왔다. 독립운동가들을 대거 배출했던 안동지역 집성촌 마을들이 유독 수몰의 화를 입었으니 이상한 일이다.

수애당은 현재 한옥 스테이로 활용되고 있는데 아홉 개의 온돌방에서 숙박할 수 있다. 예약하면 솟대 만들기, 한지 손거울 만들기, 다도 체험, 군불 때기 등의 체험을 할 수 있다.

지례마을

지례(芝澧)마을은 조선 숙종 임금 때 대사성을 지낸 지촌(芝村) 김방걸(金邦杰, 1623~1695)과 그의 형 김방형(金邦衡)의 자손이 360여 년간 터를 일군 의성김씨 집성촌이다. 지촌 김방걸은 표은 김시온의 넷째 아들이다. 표은 김시온은 병자호란으로 나라가 청에 굴복하자 과거를 포기하고 도연(陶淵)에 은거해 스스로를 '숭정처사(崇禎處士)'라 이름하고 평생 책을 읽으며 제자를 길렀다. 김시온의 넷째 아들인 지촌 김방걸은 현종조에 문과 급제해 40세에 제원(堤原) 찰방(察訪)이었을 무렵 지례(芝禮)로 분가(分家)하고 호를 지촌이라 했다. 지례는 도연에서 10리나 더 상류에 있었는데 김방걸이 이곳에 분가하면서 지례의 입향조가 되었다.

『영남인물고(嶺南人物考)』에는 김방걸의 인간됨이 나온다. 그는 청렴해 한때 영암군수를 지내고 돌아올 땐 수레에 국화꽃 화분 하나뿐이었다고 전한다. 김방걸은 당파싸움에 휩쓸려 진퇴를 오가는 관직 생활을 하고 있었다. 남인이 실각하면서 김방걸은 지례로 돌아와 안식했다. 하지만 갑술옥사가 일어나자 전라도 동복(同福)에 유배되어 73세를 일기로 생을 마치게 되었다. 지촌이 지례에 터를 잡으면서 그의 후손들은 340여 년간 교통의 불편과 가난을 겪으며 살아왔다. 하지만 후손들은 지촌의 학덕을 기리기 위해 서당과 제청을 지어 학문을 익혔고 근대에 와서도 마을 안에 초등학교를 지어 면학을 권장해 이 마을 출신으로 세상에 알려진 이가 수십 명에 이른다.

지례마을은 정부의 임하댐 계획이 발표되자 수몰의 위기를 맞게 된다. 1985년 지촌문중 소유의 종택과 제청, 서당 등을 경상북도 문화재자료로 지정받아 다음해부터 마을 뒷산 중턱에 옮겨 지어 한국 최초의 예술창작마을 '지례예술촌'을 열게 되었다.

지례예술촌

지례예술촌장 김원길 선생은 안동을 대표하는 문인(시인)으로 지례고택을 아시아 최초의 창작예술촌으로 만들었다. 1988년 지례예술촌을 만들고 한류 문화 확산의 일환으로 예술촌, 문학관, 고택문화 체험, 한옥체험, 한옥마을 등으로 고택과 한옥의 활용과 보존 등의 공로로 2017년 한류대상을 수상하기도 했다.

지례예술촌은 호수에 접해 앞쪽이 트여 있고, 예술촌을 에워싼 산자락이 오지탄금형의 지형을 이루는 자리에 있다. 종택의 남향 대문 아래는 둘레길이 만들어져 있다. 둘레길은 호수로 내리뻗은 산자락을 타고 남쪽으로 나 있다. 길은 왼쪽 산등성이로 올라가 숲을 뚫고 예술촌 뒤쪽으로 나 있다. 산책하기 좋은 길이다.

종택의 대문에서 호수를 바라보는 풍경은 예술이다. 마당

지례예술촌 지례마을은 정부의 임하댐 계획이 발표되자 수몰의 위기를 맞게 된다. 1985년 지촌문중 소유의 종택과 제청, 서당 등을 경상북도 문화재자료로 지정받아 다음해부터 마을 뒷산 중턱에 옮겨 지어 한국 최초의 예술창작마을 '지례예술촌'을 열게 되었다.

안으로 들어서면 솟을대문과 지촌종택에 딸린 작은 별채가 보인다. 종택의 동쪽으로 난 쪽문 안으로 들어가면 지산서당이 자리 잡고 있다. 이 서당은 망천에서 옮겨 온 것이라고 하는데 국내의 서당 가운데 가장 규모가 크다고 한다. 그런 까닭에 지산서당의 대청에서 작은 음악회나 문학 강연회 같은 행사가 열린다고 한다. 정곡강당은 지촌종택의 서쪽에 있는데 김원길 촌장이 소장한 도서 6,000권을 보관한 도서관으로 지례예술촌에서 가장 조망이 넓고 아름다운 곳이라고 한다. 예술인들을 위해 만든 공간답게 호숫가에는 야외 공연장도 있다.

지례예술촌도 코로나로 큰 타격을 입긴 마찬가지다. 하지만 예술가들이 머물기 좋은 곳이라는 소문이 퍼져서 요즘엔 예약 손님만 받고 있다고 한다. 안동에서도 굽이굽이 첩첩산중 호숫가에 홀로 있는 지례예술촌은 자연의 아름다움과 평화로움, 고요함과 예스러움을 느낄 수 있는 고택이다. 지는 해와 저녁노을, 아름답게 반짝이는 밤하늘의 은하수가 보고 싶다면 지례예술촌에서 하루를 보내는 것도 괜찮은 선택일 것 같다.

25

만휴정 · 묵계서원

만년에 얻은 행복

만휴정(晩休亭)은 조선의 청백리로 유명한 보백당(寶白堂) 김계행(金係行)의 정자다. 김계행은 풍산현 불정촌에서 김산근의 둘째 아들로 태어났다. 5세에 글공부를 시작해 10세에 글을 통달한 신동으로 유명했다. 세종 29년 17세가 되던 해에 식년시에 합격해 진사(進士)가 되었고, 성균관에 입학해 김종직 같은 명사와 교류하며 학문을 익혔다. 하지만 계유정난으로 단종이 폐위되자 벼슬할 생각을 버리고 성주의 향학교수로 학생들을 가르치는 일을 했다.

당시 세조의 신임을 받던 학조대사는 김계행의 장조카가 되는데 상부에 품해 관직을 내리겠다고 하자 크게 화를 내며 다시는 학조를 만나지 않았다고 한다. 그 후, 김계행은 충주의 향학교수로 지내다가 세조가 붕어하고 성종 11년(1480), 50세의 늦은 나이로 문과에 급제해 20여 년간 관직 생활을 하게 되었다.

성종이 붕어한 후, 연산군이 즉위하자 김계행은 사림파의 영수인 점필재 김종직과 교유한 인연으로 무오사화(戊午士禍)에 연루되어 곡경을 치러야 했다. 무오사화로 죄 없는 사림들이 화를 입고 훈구파들이 득세하자 연산군의 황포함은 더욱 거세졌다. 김계행은 연산군 6년(1500), 70세에 벼슬을 내려놓고 고향으로 돌아와서 묵계에 정착했다. 묵계는 김계행의 장인인 남상치(南尙致)가 살던 곳이었다.

남상치는 1453년 계유정난으로 단종이 폐위되자 묵계 깊은 골짜기로 낙향해 쌍청헌(雙淸軒)을 짓고 살았다. 김계행은 풍산읍 소산리에 있는 설못에 집이 있었는데 퇴임 후 가산을 정리해 장인이 살던 묵계로 들어왔다.

김계행은 장인과 마찬가지로 폭군이 다스리는 어지러운 세상과 인연을 끊고 자연 속에 숨어 살기를 택했던 것이다. 당시 묵계는 교통이 좋지 않은 오지 중의 오지였다. 본래 이곳의 지명은 거묵(거묵역, 거묵동)이었지만 김계행이 들어와 살면서 '묵계'라고 고쳐 부르게 되었다. 묵계에 정착한 김계행은 아침

만휴정 조선의 청백리로 유명한 보백당 김계행의 정자다. 만휴정은 주변의 자연을 정원처럼 끌어들였는데 이를 '원림(園林)'이라 이름 붙였다. 원림은 정원 같은 숲을 말한다. 현재 만휴정은 드라마 〈미스터 션샤인〉의 촬영지로 유명해졌다. "합시다 러브, 나랑같이" 너럭바위 다리 위에서 주인공들의 대사를 따라 하는 연인들도 많다. 그 모습이 싱그럽다.

저녁으로 산과 들을 오가면서 바위에서 쏟아지는 물줄기를 바라보다가 이 송암폭포 위에 정자 하나를 지으면 멋지겠다는 생각을 하게 된다. 그래서 힘들게 터를 쌓고 재목을 운반해 정자를 만들었다. 정면 3칸, 측면 2칸의 홑처마 팔작지붕으로 전면 3칸은 누마루로 계자난간을 둘렀고, 양 툇간에는 온돌방을 들였다. 정자의 이름은 만휴정(晩休亭)으로 지었다. 71세, 황혼의 나이에 쉴 수 있는 정자를 얻었다는 소회가 담긴 이름이었다.

만휴정

만휴정은 조선의 궁궐을 짓는 방식처럼 인공적인 건축물을 자연과 어우러지도록 만들었다. 인공적인 정자가 자연과 더불어 한 편의 그림 같은 느낌이 든다. 만휴정 난간에 앉아 풍경을 바라보면 바람에 소나무 가지가 부딪히며 내는 소리와 계곡물 소리가 시원스럽다. 개울 위에 난 다리에 앉아 바닥을 바라보면 흘러가는 맑은 물이 내 마음까지 맑게 해 주는 것 같다. 너럭바위 위로 올라가서 주위를 조망해도 좋다. 수십 명이 앉아서 놀아도 좋을 만큼 커다랗고 깨끗한 암반은 일부러 깎아 낸 것처럼 매끈해 자연 속의 인공미가 묻어나는 듯하다. 오솔길을 따라 계곡으로 들어가 보는 것도 괜찮다. 맑은 공기를 마시며 새소리 · 바람소리 · 낙엽 밟는 소리를 들어보는 것도 운치 있다.

만휴정은 주변의 자연을 정원처럼 끌어들였는데 이를 '원림(園林)'이라 이름 붙였다. 원림은 정원 같은 숲을 말한다. 김계행은 이곳에서 평화로운 나날을 보냈다. 그로부터 3년 후, 연산군의 어머니 폐비 윤씨의 복위 문제로 갑자사화(甲子士禍)가 일어나 수많은 선비가 화를 입게 되었다. 하지만 자연 속에 은거한 김계행과는 무관한 일이었다. 김계행은 3년 후, 76세 되던 해에 연산주가 중종반정으로 폐위되었다는 소식을 듣게 되었다. 한때 모셨던 인군이 불행하게 폐위되었다는 소식에 김계행은 문득 한 가지 생각이 들었다.

김계행은 자신이 비명에 죽지 않고 노년의 평화를 누릴 수 있는 것이 깨끗하게 살아왔기 때문임을 깨달았다. 그는 붓을 들어 만휴정 벽에 글자를 썼다.

吾家無寶物 우리 집엔 보물이 없다
寶物惟淸白 보물이 있다면 오로지 청백한 것이다

만휴정 벽에 걸린 이 글자는 김계행이 81세 되던 해(1511) 2월에 자손들에게 남긴 말이라고 한다. 그 후로 김계행의 당호가 보백당이 되었다. 만휴정을 오가며 평화로운 만년을 누리던 김계행은 중종 12년(1517) 87세를 일기로 세상을 떠났다.

현재 만휴정은 드라마 〈미스터 션샤인〉의 촬영지로 유명해졌다. "합시다 러브, 나랑같이" 너럭바위 다리 위에서 주인공들의 대사를 따라 하는 연인들의 모습이 싱그럽다.

묵계서원

묵계마을의 맞은편 언덕 위에는 묵계서원이 있다. 묵계서원은 1687년에 세웠는데 1706년에 창덕사를 건립해 보백당 김계행과 응계 옥고를 배향하고 있다. 옥고는 세종 때 사헌부 장령을 지낸 인물이다.

묵계서원은 고종 6년(1896)에 서원철폐령으로 사당은 없어지고 강당만 남아 있었는데 최근에 없어진 건물을 새로 지었다. 병산서원의 만대루처럼 누각의 형식을 취한 읍청루, 강당인 입교당, 동재와 서재로 되어 있다. 과거에는 학교의 용도로 쓰였지만 요즘에는 고택 체험학습이나 고택 음악회의 장소로 사용되고 있다.

참고 자료

국사편찬위원회, 『동국여지승람』, 국사편찬위원회

국사편찬위원회, 『영가지』, 국사편찬위원회

이중환, 『택리지』, 을유문화사, 2003

무라야마 지쥰, 『조선의 풍수』, 민음사, 1990

안동문화연구회, 『안동역사바로보기』, 안동문화연구회, 2000

『수양, 여유와 풍류의 공간 누정』, 권진호·김주부·남재주·변동걸·황민기·안동청년유도회, 도서출판한빛, 2015

『안동의 서원』, 권진호·김주부·남재주·변동걸·황민기·안동청년유도회, 도서출판 한빛, 2016

『안동교회이야기』, 유승준, 가나북스, 2006

《향토문화의 사랑방 안동》, 문화동인 안동, 1988~2022

국립중앙박물관 https://www.museum.go.kr/

국사편찬위원회 https://www.history.go.kr/

문화재청 https://www.cha.go.kr/

세계유산 봉정사 http://bongjeongsa.org/

스토리테마파크 https://story.ugyo.net/

안동국제탈춤페스티벌 http://www.maskdance.com/

안동선비문화박물관 https://andongsunbi.com/

안동시 블로그 https://blog.naver.com/andongcity00

안동시청 문화관광 http://www.andong.go.kr/

안동임청각 http://www.imcheonggak.com/

안동태사묘 http://www.tsm3.or.kr/

유네스코 세계유산 병산서원 http://www.byeongsan.net/

유네스코 지정 세계유산 안동 하회(河回)마을 http://hahoe.or.kr/

이육사문학관 http://www.264.or.kr/

조선왕조실록 https://sillok.history.go.kr/

충효당·옥연정사 http://www.okyeon.co.kr/

하회별신굿탈놀이보존회 http://www.hahoemask.co.kr/

학봉종택 http://www.hakbong.co.kr/

한국민족문화대백과사전 https://encykorea.aks.ac.kr/

한국향토문화전자대전 http://www.grandculture.net/

사진 제공

©강인순 271쪽 / ©국무령이상룡사업회 80쪽, 81쪽

©경북대학교 195쪽 / ©독도오페라단 84쪽

©명인안동소주 106쪽 / ©문화재청 103쪽

©윤태하 4쪽, 30쪽, 33쪽, 37쪽, 39쪽, 89쪽, 91쪽, 94쪽, 98쪽, 111쪽, 17쪽,121쪽, 127쪽, 128쪽, 131쪽, 135쪽, 140쪽, 143쪽, 146쪽, 149쪽, 155쪽, 165쪽, 183쪽, 192쪽, 201쪽, 204쪽, 237쪽, 243쪽, 261쪽, 282쪽

©이육사문학관 159쪽, 162쪽 / ©지례예술촌 278쪽

©한국콘텐츠진흥원 207쪽 / ©한국학중앙연구원 170쪽

안동 연표

BC 1만 년
마애 선사유물
371점 출토

BC 57
신라 혁거세 원년
염상도사 창녕국 건국

672
신라 문무왕 12년
봉정사 창건

757
신라 경덕왕
고타야군에서
고창군으로 개칭

930
고려 태조 13년
병산에서 삼태사가
태조 왕건을 도와
후백제 견훤을
물리침.
고창군을 안동부로
승격. 그 후
영가군으로 바꿈

1197
명종 27년
김사미의 난을
평정한 공으로
도호부로 승격

1204
신종 7년
야별초의
반란을
평정함에
대도호부로
승격

1361
공민왕 11년
홍건적의 난을
피해 이곳까지 온
공민왕과 왕후를
모신 공로로
안동대도호부로 승격

1388
우왕 14년
안동도로 고치고
부사를 둠

1501

조선 연산군 7년
보백당 김계행
만휴정 완공

1519

중종 14년
고성이씨
임청각 완공

1570

선조 3년
퇴계 이황, 70세를
일기로 돌아가심

1575

선조 9년
유림의 공의로
도산서원 완공

1604

선조 31년
서애 류성룡
『징비록』 저술 마침

1607

선조 40년
서애 류성룡
풍산에서 돌아가심

1796

정조 20년
시사단 세워줌

1896

고종 건양 원년
전국 13도로 개편.
안동군으로 고쳐짐

1909

8월 8일

안동교회 창립

1910
8월 29일
경술국치로 일본의 식민지가 됨

1910
10월 10일
향산 이만도 단식 24일 만에 순국

1910
12월 24일
김대락 서간도 망명

1911
1월 5일
이상룡 서간도 망명. 독립운동 시작

1919
3월 18일
안동장터에서 3·1 만세운동 전개

1921
7월 1일
대구감옥 안동분감 설립

1925
9월 23일
이상룡 대한민국 임시정부 초대 국무령에 취임

1930
10월 15일
안동역 역사준공 및 개통

1931
4월 1일
안동면을 안동읍으로 승격

1963

1월 1일

안동읍이 시로 승격

1976

10월 28일

안동댐 준공
(1971~1976)

1993

12월 31일

임하댐
준공(1984~1993)

1995

12월 7일

한국국학진흥원 설립

1998

12월 1일

안동시 행정동
통합(1읍 13면
10동 3출장소)

2004

7월 30일

이육사문학관 개관

2007

8월 10일

경상북도 독립운동
기념관 건립

2020

12월 17일

구 안동역사 폐지.
송현동 신역사로 이전
운행 개시

대한민국 도슨트 11

안동

1판 1쇄 인쇄 2023년 8월 24일
1판 1쇄 발행 2023년 9월 1일

지은이 권오단
펴낸이 김영곤
펴낸곳 ㈜북이십일

문학팀 김지연 원보람 송현근
출판마케팅영업본부장 한충희
마케팅2팀 나은경 정유진 박보미 백다희
출판영업팀 최명열 김다운 김도연
제작팀 이영민 권경민
지도 일러스트 최광렬
디자인 씨오디

출판등록 2000년 5월 6일 제406-2003-061호
주소 (10881) 경기도 파주시 회동길 201(문발동)
대표전화 031-955-2100 팩스 031-955-2177 이메일 book21@book21.co.kr

(주)북이십일 경계를 허무는 콘텐츠 리더

대한민국 도슨트 채널에서 도서 정보와 다양한 영상자료, 이벤트를 만나보세요!
포스트 post.naver.com/travelstudy21
인스타그램 www.instagram.com/k_docent

©권오단, 2023

ISBN 979-11-7117-063-0 04900
978-89-509-8258-4 (세트)

책값은 뒤표지에 있습니다.
이 책 내용의 일부 또는 전부를 재사용하려면 반드시 ㈜북이십일의 동의를 얻어야 합니다.
잘못 만들어진 책은 구입하신 서점에서 교환해 드립니다.